세상이 기다리는 리더

The Charismatic Leader

세상이 기다리는 리더

지은이 | 존 맥스웰
옮긴이 | 정성묵
초판 발행 | 2025. 5. 28.
등록번호 | 제1999-000032호
등록된 곳 | 서울특별시 용산구 서빙고로65길 38
발행처 | 비전과리더십
영업부 | 02)2078-3333   FAX | 080-749-3705
출판부 | 02)2078-3330

책값은 뒤표지에 있습니다.
ISBN 979-11-86245-61-3 03320

독자의 의견을 기다립니다.
tpress@duranno.com   www.duranno.com

비전과리더십은 두란노서원의 일반서 브랜드입니다.

사람을 얻는
리더십 영향력은
어디서 오는가

The
Charis
matic
Leader

존 맥스웰 지음 정성묵 옮김

세상이 기다리는 리더

John C. Maxwell

비전과리더십

이 책이 세상에 나오기까지
아낌없이 도와준
찰리 웨즐(Charlie Wetzel)에게
고마움을 전하며.

contents

들어가며.

Part 1.

눈앞의 한 사람에게
관심을 기울이는 리더

마음을 움직이는 리더십의 첫걸음

Part 2.

사람들에게 투자하는 리더

다 같이 전진하게 하는 리더십의 동력

Part 3.

주목받는 매력적인 리더,
기꺼이 따르고 싶은 리더

날로 영향력이 넓어지는 리더십의 완성

세상은 카리스마 리더십에 목마르다

카리스마(charisma)란 무엇인가?

모든 리더에게 카리스마가 꼭 필요한가?

먼저, 두 번째 질문으로 시작해 보자.

리더십의 본질은 영향력이다. 결국 리더십은 언제나 사람들과의 관계 속에서, 그들과의 상호 작용을 통해 이루어진다는 뜻이다. 모든 사람은 자기와 마음이 잘 맞는 사람과 발을 맞추고 싶어 한다. 따라서 압박이나 강압에 기대지 않고 영향력으로 사람들을 잘 이끌고 싶다면 호감 가는 사람이 되어야 한다. 다가가고 싶은 매력적인 사람 말이다. 우리에게 카리스마가 있다면 사람들은 기꺼이 우리와 함께 시간을 보내고, 함께 일하며, 가치 있는 목표를 함께 달성하고자 할 것이다.

카리스마를 타고난 사람이 있을까? 다른 사람을 끌어들이는 매력을 타고난 사람이 있을까? 물론이다. 스트렝스 파인더(Strengths Finder; 강점 찾기) 프로그램을 개발한 갤럽(Gallup)은 이를 "WOO"(Winning Others Over) 즉 사람을 얻는 능력이라고 부른다.

이 능력을 이미 지녔는가? 정말 다행이다. 하지만 이 자질이 지금은 없다 해도 리더십처럼 카리스마 또한 얼마든지 배우고 계발할 수 있다. 리더십 재능을 타고났든 그렇지 않든 상관없이 이를 계발하여 더 좋은 리더가 되는 것이 얼마든지 가능하다. 마찬가지로, 카리스마 역시 타고난 역량과 상관없이 카리스마 키우는 법을 배울 수 있으며, 사람들에게 호감을 주는 능력을 얼마든지 계발할 수 있다.

그렇다면 카리스마를 지닌 리더가 되는 비결은 무엇일까? 생각보다 간단하다. 바로 다른 사람에게 초점을 맞추는 것이다. 꼭 얼굴이 잘생기거나 키가 훤칠하거나 근육질 몸매에 부자여야 카리스마를 얻게 되는 게 아니다. 사람들에게 관심을 기울이기만 하면 된다. 사람들이 자기 자신을 소중한 존재로 느끼도록 진심으로 대하면 된다. 누구든지 이렇게 하면 사람들과 연결될 수 있다. 나아가서 삭막한 이 세상을 밝혀 주는 빛이 된다.

프레더릭 L. 콜린스(Frederick L. Collins)는 이렇게 말했다. "세상에 두 종류의 사람이 있다는 사실을 항상 기억하라. 방에 들어와 '내가 왔다!'라고 말하는 사람, '아, 당신이 여기 있군요!'라고 말하는 사람." 카리스마의 핵심은 누군가를 만날 때마다 '아, 당신이 여기 있군요!'라는 생각부터 하는 것이다. 그러고 나서 상대방을 중요한 사람으로 대하는 것이다. 이러면 그 사람과 진정으로 연결될 수 있다.

이 책에서 나는 사람들과 상호 작용을 잘함으로써 카리스마를 키우는 간단한 21가지 방법을 소개하려 한다. 지금부터 다음 세 단계로 나누어 구체적인 기술들을 하나하나 배워 볼 것이다.

1. 사람들에게 관심 기울이기
2. 사람들에게 투자하기
3. 사람들에게 주목받는 매력적인 사람 되기

카리스마는 다른 사람들에게 관심을 기울이는 것에서 시작된다. 당신이 다른 사람들에게 마음을 쓰고 그들을 알아 가려 노력하면, 그들 또한 당신에게 관심을 보일 것이다.

그런 토대에서 그 사람들에게 가치를 더해 주기 위해 투자하는 간단한 방법을 배울 것이다. 그리고 마지막으로, 사람들에게 주목받는 매력적인 사람이 되는 네 가지 기술을 활용할 것이다.

많은 사람이 마지막 세 번째 단계에 속한 네 가지 기술부터 먼저 사용해 카리스마를 키우려고 하는데, 이는 앞뒤 순서가 바뀐 행동이다. 사실, 다른 사람들에게 주목을 받는 건 이 세 영역에서 가장 덜 중요한 부분이다. 카리스마를 갖고 싶다면 무엇보다 먼저 자신에게서 시선을 돌려 다른 사람들에게 초점을 맞추라.

날마다 사람들에게 이 간단한 기술들을 실행에 옮겨 보라. 틀림없이 사람들이 당신을 찾아오고 당신과 어울리고 싶어 할 것이다. 그리고 그들과 점점 더 연결될 것이다. 그러면서 그들의 가치를 올려 주고, 그들을 이끌고, 모두를 위한 성공을 이룰 기회가 더욱더 많아질 것이다.

The CHARISMATIC LEADER

Part 1

눈앞의 한 사람에게
관심을 기울이는 리더

마음을 움직이는 리더십의 첫걸음

1. 나보다 다른 사람에게 초점을 맞춘다면

당신의 운명이 어떻게 될지 나도 모른다.
하지만 한 가지는 분명하다.
다른 이들을 섬기려고 애쓴 사람만
진정한 행복을 누릴 것이다.

알베르트 슈바이처
Albert Schweitzer

진정으로 카리스마 넘치는 사람은 다른 이들을 배려하고, 자신보다 그들에게 초점을 맞춘다.

"세상 모든 사람은 타인들로 이루어져 있다. 단 한 사람, 나만 빼고."[1] 예전에 《사람들과 더불어 승리하기》(Winning with People)라는 책에서 "큰 그림의 원칙"(Big Picture Principle)을 다루면서 했던 말이다.

최상의 삶을 살고 더 나은 리더가 되고 싶은가? 자신에게서 눈을 떼고 더 큰 그림을 바라보라. 다른 사람을 먼저 생각하는 버릇을 들여야 한다. 우리 자신만 중요한 게 아니라 세상 모든 사람이 중요하다.

삶을 이런 식으로 바라본 적이 없다면 지금부터라도 시작하라. '나'를 우주의 중심으로 여기는 마음가짐은 결국 큰 실망감만 불러온다. 내가 결코 이 세상의 중심이 아니라는 사실을 언젠가 뼈저리게 느낄 테니 말이다. 나아가서 그런 생각으로 살다 보면 주변 모든 사람에게서 점점 멀어지고 만다. 그렇게 인간관계가 깨지면 사람들을 이끄는 일이 더없이 힘들어진다. 나는 자신에게만 몰두한 채 다른 사람을 존중하며 섬기는 능력을 갖추지 못한 사람이, 다른 사람들과 제대로 협력하는 것을 본 적이 없다.

다른 사람에게 초점을 맞추면
'나'에게도 유익하다?

누구나 이타주의가 좋은 품성이라고 인정은 할 것이다. 심지어 철저히 자기중심적인 이들도 마음 깊은 한쪽에서는 다른 이들을 도우려는 욕구가 있다. 문제는 자신에게서 벗어나 다른 사람에게 초점을 맞추는 습관을 들이는 것이 쉽지 않다는 점이다. 여기, 우리가 진정으로 집중해야 할 대상인 '다른 사람'에게 계속 초점을 맞추는 데 도움이 될 세 가지 생각이 있다.

목적의식을 얻는다

혹시 당신이 스트리밍으로 흑백 텔레비전 시대의 옛날 프로그램을 즐겨 본다면 1953년에 방영된 인기 시트콤 〈메이크 룸 포 대디〉(Make Room for Daddy)에 출연한 연예인 대니 토머스(Danny Thomas)를 알지도 모르겠다. 토머스가 이런 말을 했다. "우리는 모두 세상에 태어난 이유가 있다. 하지만 모두가 그 이유를 발견하는 건 아니다. 인생의 성공은 삶에서 무엇을 얻거나 자신을 위해 무엇을 이루느냐와 전혀 관계가 없다. 다른 사람을 위해 무엇을 하느냐에 달려 있다."[2]

토머스는 그렇게 믿었고 실제로도 그렇게 살았다. 성공한 스타 연예인으로서 부귀영화에 취해 살 수도 있었지만 토머스는 그 너머에 있는 무언가를 갈망했다. 그는 중한 질병에 걸린 어린이들을 전문적으로 치료하는 기관인 세인트 주드병원(St. Jude's Hospital)을 설립했다. 그리고 생의 많은 부분을 이 병원을 지원하는 데 쏟아부었다. 그렇게 그는 인생의 더 큰 목적을 발견하고 기쁨을 누릴 수 있었다.

다른 사람들에게 초점을 맞춰 보라. 우리 삶과 리더십에 대한 더 큰 목적이 나타날 수 있다.

에너지가 솟아난다

자기에게만 계속 집중하면 에너지가 고갈되지만, 다른 사람들에게 초점을 맞추면 정반대 효과가 나타난다. 내 친구 빌 매카트니(Bill McCartney)는 1980년대와 1990년 초, 콜로라도대학교(University of Colorado) 버팔로스(Buffaloes) 미식축구팀 감독이었을 때 이미 이 사실을 잘 알고 있었다. 매카트니 감독은 대부분의 사람이 자기에게 주어진 시간의 86퍼센트를 자신을 생각하는 데 쓰고, 14퍼센트만 다른 사람을 생각하는 데 쓴다는 말을 들었다. 하지만 그는 선수들이 선수 자신보다 사랑하는 사람에게 관심을 집중할 때 예상치 못한 완전히 새로운 원천에서 힘이 솟아난다는 걸 본능적으로 알았다.

1991년, 매카트니는 예정된 한 중요한 경기에서 이 원천을 활용하기로 했다. 당시 최대 라이벌이던 네브래스카 콘허스커스(Nebraska Cornhuskers)와, 그것도 네브래스카의 홈 구장에서 붙는 경기였다. 문제는 콜로라도 버팔로스가 지난 23년 동안 그 구장에서 단 한 경기도 이기지 못했다는 사실이었다. 하지만 매카트니 감독은 전적과 상관없이 자신의 팀을 신뢰했고, 선수들을 격려할 방법을 모색했다.

고민 끝에 그는 선수들 마음에 있는 사랑에 호소하기로 했다. 그는 선수들에게 각자 사랑하는 사람에게 전화를 걸어 그 경기를 그 상대에게 바치겠다고 말할 것을 지시했다. 선수들은 저마다 사랑하는 이에게 전화를 걸어 자신의 모든 킥과 모든 태클, 모든 블로킹, 모든 득점이 그 사람에게 바치는 것이니 자신의 플레이 하나하나를 지켜봐 달라고 부탁했다.

거기에 그치지 않고 매카트니 감독은 한 걸음 더 나아갔다. 그날 경기가 끝나면 최종 스코어를 축구공 60개에 전부 쓰고, 선수 각자가 자신이 경기 전 연락했던 바로 그 사람에게 그 공을 보낼 것을 지시했다.

자, 과연 경기 결과는 어떠했을까?

그날의 승자는 콜로라도 버팔로스였다. 그리고 축구공에 적힌 최종 스코어는 "27 대 12"였다.

만족감을 얻는다

사람은 다른 누군가를 섬길 때 만족감을 얻는다는 심리학 연구 결과를 들은 적이 있다. 다른 사람을 섬기면 나부터 건강하고 행복해진다는 것이다. 수 세기 전부터, 그러니까 심리학이라는 게 공식적으로 생기기 훨씬 전부터 인간은 이미 이 사실을 본능적으로 알았다. 옛 격언에 담긴 지혜와 유머를 보라.

한 시간의 행복을 원한다면 낮잠을 자라.

하루의 행복을 원한다면 낚시를 하라.

한 달의 행복을 원한다면 결혼을 하라.

1년의 행복을 원한다면 유산을 물려받으라.

평생의 행복을 원한다면 다른 사람을 도우라.

반직관적인 말로 들릴지도 모르겠지만, 다른 사람에게 초점을 맞추는 건 그들을 돕는 길일 뿐 아니라 분명 나 스스로를 돕는 길이다. 무엇보다 자신과 자신이 한 행동에 대해 뿌듯함이 생긴다.

*

다른 사람이 자신감을 얻고 그가 하는 일을 더 잘하도록 도와줄수록 그 사람에 대한 우리의 영향력이 커지기 마련이다. 무엇보다도 다른 사람을 돕는 건 더 좋은 세상을 만드는 데 일조하는 일이다. 이를 원치 않을 사람이 있을까?

2. 사람들의 선의와 가능성을 믿어 준다면

**인간은 누구나 실수한다.
하지만 회사는 용서를 모른다.**

작자 미상

사람은 누구나 타인의 약점이나 실수, 단점을 쉽게 파악한다. 그러기 위한 특별한 기술이 굳이 필요치 않다. 이와 달리 사람들의 좋은 면만 보는 것은 아주 어려운 작업이다. 하지만 그렇게 할 때 수많은 유익이 따른다.

미국의 야구 명예의 전당에 오른 야구 선수 레지 잭슨(Reggie Jackson)은 다른 사람을 성장시키고 이끌려는 리더에게 좋은 면을 보는 습관이 얼마나 중요한지에 관해 이야기했다. "위대한 감독은 하나같이 선수들로 하여금 자신이 생각보다 대단하다고 믿게 만드는 재주가 있다. 이런 감독은 선수들이 선수 자신을 좋게 보도록 만든다. 선수들을 믿어주는 감독은 선수들이 저마다 더 많은 잠재력을 끄집어내도록 돕는다. 이에 자신이 얼마나 훌륭한지를 깨달은 선수는 최고의 경기력이 아니면 결코 만족하지 못한다."[1]

잭슨이 한 이 말은 야구만 아니라 삶의 모든 영역에 적용할 수 있다. 비즈니스, 자녀 양육, 결혼, 자원봉사에서도 이 접근법은 통한다. 사람들이 당신에게 끌렸으면 하는가?

그렇다면 눈에 불을 켜고 사람들의 흠과 결점을 찾으려 달려들지 말라. 오히려 그들의 가장 좋은 면을 찾는 데 힘을 쏟으라.

상대방을 믿지 못하면 그 사람에게 잘못된 행동을 하게 된다는 걸 경험한 적이 있다. 그러다 보면 상대방과의 관계가 점점 나빠질 수밖에 없다. 일반적으로 우리는 상대방과의 관계에서 기대한 만큼만 얻는다. 나는 늘 상대방에게서 긍정적인 결과를 기대했고, 그 덕분에 많은 복을 받았다.

어릴 적에 어머니가 내게 이런 행동의 본을 보여 주셨다. 어머니는 내 마음을 잘 헤아리셨고, 언제나 내 마음에 비추어 내 행동을 평가하셨다. 여느 아이들처럼 나도 부모님에게 많이 혼나면서 자랐다. 물론 실제로 혼날 만한 짓을 많이도 했다. 그럼에도 불구하고 어머니는 나에 대해 성급하게 결론지으신 적이 없다. 어머니는 내 행동에 나쁜 의도가 있다고 섣불리 판단하지 않으시고, 항상 내 행동 뒤에는 좋은 의도가 있을 거라고 믿어 주셨다.

바로 이것이 사람들을 좋게 봐 주는 마음을 기르는 핵심이다.

사람들을
좋게 보려면

다른 사람들을 좋게 보고 그들에게 은혜와 용서를 베푸는 것은 당신을 매력적인 사람으로 만들어 줄 훌륭한 자질이다. 이 자질을 기르기 위한 구체적인 방법을 살펴보자.

사람들에게서 좋은 면 찾기

사람들을 좋게 보기 위해서는 먼저 인간을 바라보는 자신의 기본적인 시각부터 점검해야 한다. 당신은 인간을 어떤 시각으로 바라보는가? 인간은 본성적으로 착하게 살고 최선을 다해 살고 싶어 한다고 생각하는가? 바로 이런 생각이 중요하다. 상대방을 긍정적으로 바라보지 않으면 상대방의 의도가 선하다고 믿지 않게 되기 쉽다. 그리고 상대방의 의도를 믿지 못하면 결국 상대방을 부정적으로 판단하고 형편없이 대하게 된다.

상대방의 좋은 면을 적극적으로 찾아보라. 그들에게 어떤 좋은 특성이 있는지 주의 깊게 관찰하고, 옳은 일을 하는 순간을 포착하여 즉시 칭찬해 주라. 사람들의 의도가 좋다고 가정하고 좋은 면을 적극적으로 찾으면 그들에 대해 긍정적인 태도를 유지하기가 훨씬 쉬워진다.

상대방의 시각에서 보기

다른 사람의 시각에서 상황을 바라보려면 내면이 성숙해야 한다. 내면이 덜 성숙할수록 상대방 입장에서 상황을 바라보는 것이 힘들다. 성경에 등장하는 간음 현장에서 붙잡힌 여인 이야기를 생각해 보라. 예수님은 죄가 없는 사람이 먼저 그 여인에게 돌을 던지라고 말씀하셨다. 그때 무리 중에서 가장 먼저 손에 든 돌을 내려놓고 자리를 떠난 사람들은 바로 '가장 나이가 많은' 이들이었다.[2] 왜일까? 아마도 나이가 들면서 내면이 성숙해져 삶을 바라보는 더 나은 시각을 가졌으리라.

철학자 J. G. 베넷(Bennett)은 이렇게 말했다. "우리는 주로 타인은 못 보는 '자기 의도'를 기준으로 자신을 보는 반면, 타인에 대해서는 주로 우리 눈에 보이는 전부인 '그들의 행동'을 기준으로 그들을 본다. 그리하여 세상에는 오해와 불의가 판을 친다."[3]

사람들의 의도가 좋다고 가정하면 그들에게 은혜를 베

풀게 마련이다. 그럴 때 우리는 사람들이 다가오기 편한 매력적인 사람이 된다.

일단 믿어 주기

황금률을 배웠을 것이다. "당신이 대접을 받고 싶은 대로 다른 사람을 대접하라." 의도는 좋았지만 결과가 좋지 않았던 안타까운 경험이 얼마나 많은가. 그럴 때 우리는 다른 사람들이 황금률에 따라 우리를 이해해 주기를 바란다. 나 역시 그럴 때 남들이 나를 믿어 주기를 바랐다. 그렇다면 우리도 다른 이들을 그렇게 믿어 줘야 마땅하지 않을까?

프랭크 클라크(Frank Clark)는 이렇게 말했다. "모든 사람이 하려고 의도한 것을 다 했다면 세상에 어떤 위대한 업적이 나타났을까?"

맞는 말이지만 여기에 한마디를 덧붙이고 싶다. "모든 사람이 결과와 상관없이 의도에 따라 인정받는다면 우리의 인간관계들이 얼마나 좋아질까?" 상대방을 일단 믿어 주라. 그렇게 할 때 당신은 지금까지 기록된 가장 효과적인 인간관계의 규칙을 따르는 것이다.

못한 날 대신 잘한 날에 주목하기

누구나 잘할 때가 있고 못 할 때가 있다. 나는 사람들이 내가 잘한 일로 나를 기억하고, 잘못한 일은 용서해 주면 좋겠다. 당신은 안 그런가? 풀러신학교(Fuller Theological Seminary)의 데이비드 아웁스버거(David Augsburger)는 이렇게 말했다. "우리가 의도한 것 중에 흠 없이 완벽한 건 하나도 없고 …… 우리가 성취한 것 중에 인간으로서의 유한함과 오류 가능성이 없는 건 하나도 없다. 그래서 우리는 용서로 구원을 받는다."[4]

다른 사람들을 좋게 봐 주려면 용서는 필수다. 용서는 결코 한차례의 행위로 끝나지 않는다. 공민권 운동을 이끈 마틴 루터 킹 주니어(Martin Luther King Jr.)가 한 말이 참으로 옳다. "용서는 가끔 하는 행위가 아니라 영구적인 태도다."[5]

*

혹시 사랑과 지지를 받으며 성장하지 못했는가? 자라는 동안 누구에게도 좋은 시선을 받지 못했는가? 그렇다면 다른 사람을 좋게 보고 믿는 것이 당신에게는 꽤 어려운 일일 수 있다. 하지만 다른 사람을 일단 좋게 봐 주는 것은 어디까지나 선택의 문제다. 나는 안 좋은 가정 환경을 극복하고 진정한 의미에서의 승자가 된 사람들을 지금껏 많이 보았다. 모든 사람에게 희망이 있다.

당신이 다른 사람을 판단하는 방식대로 당신 또한 판단받을 것이라는 점을 기억하라. 당신과 관계된 모든 사람을 좋게 보고 믿어 준다면, 그들 역시 당신을 그렇게 대할 가능성이 크다.

3. 사람을 소중히 여기고, 가치를 더해 준다면

**성공한 사람이 되려고 노력하기보다
가치 있는 사람이 되려고 노력하라.**

앨버트 아인슈타인
Albert Einstein

대학교 졸업 후 처음 리더 직책을 맡기 몇 주 전, 아버지에게 앞으로의 내 커리어를 위한 조언을 부탁했다. 아버지는 "아들아, 사람들을 소중히 여기고, 그들을 믿어 주고, 조건 없이 사랑하렴. 매일 그렇게 한다면 넌 반드시 성공할게다"라고 답하셨다.

당시에는 몰랐지만, 그때 아버지가 하신 조언은 사실상 카리스마를 발휘하는 길이었다. 그 조언은 내 커리어는 물론이고 개인적인 삶의 방향도 설정해 주었다. 그날부터 나는 사람들에게 가치를 더해 주는 것을 내 삶의 목표로 삼았고, 이후 지난 55년간 그 목표를 향해 달려왔다.

사람들에게 가치를 더하는
세 가지 방법

나는 이 세상에 사람보다 중요한 건 없다고 진심으로 믿는다. 그러니 우리는 다른 사람들에게 가치를 더하기 위해 최선을 다해야 한다. 다음 내용을 마음에 새기라.

사람을 소중히(가치 있게) 여기라

사람에게 가치를 더하는 일은 그 사람을 대하는 태도에서 시작된다. 인간관계 전문가 레스 기블린(Les Giblin)은 말했다. "속으로 상대방을 하찮은 사람으로 여기면 그가 당신에게 중요한 사람인 것처럼 느끼게 해 줄 수 없다." 실제로, 싫어하는 사람에게는 친절을 베풀기가 어렵지 않던가?

상대방을 바라보는 당신의 시각이 '그 사람을 조종하는 것'과 '그 사람에게 동기를 부여하는 것'의 차이를 만든다. 사람들을 돕고 싶지 않으면서 그들의 도움만 받으려 한다면 문제가 생긴다. 내 사적 이익을 위해 상대방을 움직이려는 건 곧 그를 조종하는 것이나 마찬가지다. 반면에 '서로의' 유익을 위해 상대방을 움직이게 한다면 이는 동기를 부여하는 것이다. 다른 사람에게 가치를 더하면 대개 다 같이 이기는 원원(win-win)의 열매를 맺는다.

당신은 사람들을 어떻게 보는가? 당신에게 그들은 가치를 더해 줄 대상인가? 아니면 당신이 원하는 성공으로 가는 길에 거치적거리는 존재인가?

시드니 J. 해리스(Sydney J. Harris)는 이렇게 말했다. "사람들은 감명받기보다 존중받기를 원한다. 남들의 자아를 치켜세워 주는 존재로 취급당하는 것 말고 인간으로서 존중받고 싶어 한다. 또한 누군가의 허영을 채워 주는 수단이 아니라 그 자체의 목적으로서 대접받고 싶어 한다."[2]

사람들에게 가치를 더하고 싶다면, 먼저 사람을 소중히 (가치 있게) 여기라.

자신을 더 가치 있게 만들라

내가 가지지 못한 것을 다른 사람에게 줄 수는 없다. 좋은 마음과 베풀려는 생각은 있지만 줄 게 별로 없는 사람들이 있다. 왜일까? 먼저 자신을 갈고닦지 않았기 때문이다. 자신을 더 가치 있게 만드는 건 전혀 이기적인 행위가 아니다. 지식을 습득하거나 새로운 기술을 배우거나 경험을 얻으면 스스로 나아질 뿐 아니라 다른 사람에게 가치를 더해 줄 여력이 생긴다.

1974년, 나는 개인적인 성장을 추구하기로 다짐했다. 더 좋은 리더가 되고 싶었기 때문이다. 그러한 일면으로 책을 읽고, 리더십 관련 테이프 자료를 찾아 듣고, 세미나에 참석하고, 나보다 뛰어난 리더들을 찾아가 배움을 청했다. 당시 나는 이러한 노력이 다른 사람을 돕기 위해 꼭 필요하고 중요한 과정인 줄 전혀 몰랐다. 나중에서야 이를 깨달았는데, 바로 내가 더 나은 사람이 되면 다른 사람도 더 나은 사람이 되게 도울 수 있다는 것이다.

당신이 성장하면 다른 사람도 성장하도록 도울 수 있다. 사람들에게 가치를 더하고 싶다면 먼저 자신을 더 가치 있게 만들라.

사람들이 무엇을 가치 있게 여기는지 파악하라

당신에게 맞지 않거나 쓸모없는 선물을 받은 적이 있는가? 그런 선물을 준 사람은 자기중심적일 가능성이 있다. 어쩌면 '자신'이 좋아하는 선물을 당신에게 주었을 수도, 당신을 잘 몰라 엉뚱한 물품을 주었을 수도 있다. 아마 선물 준 사람의 마음은 고마웠더라도, 정작 그 선물은 당신에게 도움이 되지 않았을 것이다.

상대방이 어떤 사람인지 혹은 무엇을 가치 있게 여기는지 모르고서 그에게 가치를 더해 주려고 하면 이와 비슷한 상황이 발생한다. 상대방이 무엇을 가치 있게 여기는지를 알아야 그에게 진정으로 가치를 더해 줄 수 있다. 그래서 나는 가족, 친구, 동료, 직원, 강연자로 만나는 리더들까지, 내 삶의 모든 사람들이 무엇을 가치 있게 여기는지 주의 깊게 살핀다. 당신도 이렇게 해 보라. 사람들을 더 잘 도울 뿐 아니라 사람들에게 호감을 살 수 있을 것이다.

사람들에게 가치를 더해 주면 그들에게 더 큰 역할을 할 수 있게 된다. 그들을 격려해 줄 수 있고, 앞으로 나아가도록 도울 수도, 그들 자신보다 더 큰 일에 참여시킬 수도 있고, 그들의 잠재력을 온전히 이끌어 낼 수도 있다. 리더라면 마땅히 사람들이 이렇게 되도록 도울 수 있어야 한다.

*

다른 사람에게 가치를 더하는 일을 잘하려면 무엇보다 그렇게 하기로 굳게 마음먹어야 한다. 인간은 본래 이기적이기 때문이다. 나 역시 이기적이다. 사람들에게 가치를 더하는 사람이 되기 위해 나는 매일같이 내 안전지대에서 나와 사람들에게 어떻게 가치를 더해 줄지 보다 구체적인 방법을 늘 고민해야 한다. 그래야만 사람들이 기꺼이 따르는 카리스마 넘치는 리더가 될 수 있다.

4. 만날 때마다 아낌없이 격려한다면

많은 선을 한꺼번에 행하려고 기다리는 사람은
결국 아무것도 하지 못한다.

새뮤얼 존슨

Samuel Johnson

어릴 때부터 청년 시절에 이르기까지 나는 아버지에게서 '호감 얻는' 방법을 배웠다. 특히 아버지가 만나는 사람마다 격려하시는 모습을 보면서 많은 걸 배웠다. 아버지가 오하이오크리스천대학교(Ohio Christian University)의 전신인 학교에서 총장으로 일하시던 시절, 나는 아버지와 함께 자주 그 학교 교정을 거닐었다. 그때 아버지는 수시로 발걸음을 멈춰서 학생들과 이야기를 나누시곤 했다.

곁에서 기다리는 게 어느 때는 너무 지루해 불평이 나왔지만, 막상 듣고 있는 학생들의 얼굴을 보면 아버지가 지금 좋은 말의 씨앗을 뿌리고 있다는 걸 부인할 수 없었다. 아버지는 항상 대화를 시작한 지 30초 안에 긍정적인 말로 학생들을 격려하는 걸 목표로 삼으셨다. 나는 아버지를 따라하면서 자연스레 몸으로 익힌 이 기술을 "30초 법칙"이라 불렀다.

만나는 사람마다 이렇듯 격려를 아끼지 않으시던 아버지는 부드러우면서도 카리스마 넘치는 리더셨다. 시간이 흘러서도 전국 각지에서 다양한 제자들이 플로리다주까지 아버지를 만나려고 찾아왔다. 아버지는 제자들이 이렇듯 먼 길을 마다하지 않고 찾아오는 데 놀라셨지만 나는 사실 놀라지 않았다. 아버지는 탁월할 뿐만 아니라, 따르는 이들 모두에게 사랑받는 리더셨기 때문이다.

격려가 필요하지 않은
사람은 없다

한번은 이런 말을 들었다. "당신이 만나는 사람 모두 힘겨운 싸움을 하고 있으니 친절을 베풀라." 옳은 말이다. 사람은 모두 좋은 말을 듣고 싶어 한다. 누구에게나 희망과 꿈에 불을 지펴 줄 칭찬의 말이 필요하다. 별다른 노력이 들지 않는 칭찬 몇 마디가 듣는 사람에게는 이루 말할 수 없이 큰 힘이 된다. 바로 다음과 같은 이유에서다.

격려, 상대방에 대한 관심의 표현

매일 사람들을 만나기 전에 나는 항상 잠시 멈춰 어떤

격려의 말을 해 줄지를 생각한다. 건넬 수 있는 격려의 말이 다양하기 때문이다. 예를 들어, 사람들이 나나 내 주변 사람에게 해 준 무언가에 대해 고마워할 수 있다. 그들의 성과를 언급하며 칭찬해 줄 수도 있고, 그들에게서 보이는 훌륭한 성품을 인정해 줄 수도 있다. 단순히 외모를 칭찬해 줄 수도 있다.

칭찬하는 것 자체는 그리 어렵지 않지만, 그런 습관을 들이는 데는 어느 정도 시간과 노력과 훈련이 필요하다. 분명한 건, 이를 실천하면 사람들에게 진정으로 긍정적인 영향을 미치기에 놀라운 결과가 나타날 수 있다. 당신이 친절한 말을 하고자 충분히 고민하고 노력할 때 상대방은 당신이 그를 진정으로 아낀다는 사실을 알게 된다.

격려, 최고의 선물

우리가 '관심'을 쏟고 '칭찬'하고 '인정'해 주면 누구나 자신감을 얻어 자기가 맡은 일을 더 잘하게 된다. 앞으로 사람들을 만날 때마다 먼저 그 사람에게 관심을 쏟아 보라. 어떤 식으로든 상대방을 칭찬하고 인정해 주라. 그런 다음, 어떤 일이 벌어지는지 유심히 관찰해 보라. 그들이 얼마나 긍정적으로 반응하는지에 깜짝 놀라게 될지도 모른다.

당신 자신이 아닌 상대방에게 관심을 쏟아야 한다는 사실을 자꾸 잊는가? 그렇다면 기억하는 데 윌리엄 킹(William King)의 이 말이 도움이 될 것이다. "남에 관해 당신에게 말하는 사람은 험담꾼이다. 자신에 관해 당신에게 말하는 사람은 지루한 사람이다. 눈앞에 있는 당신에 관해 당신에게 말하는 사람이야말로 대화를 탁월하게 잘하는 사람이다."

격려, 활력을 불어넣는 힘

심리학자 헨리 H. 고다드(Henry H. Goddard)는 "에르고그래프"(ergograph)라 불리는 장비로 아이들의 에너지 수준에 관한 연구를 했다. 연구 결과는 실로 놀라웠다. 지친 아이들에게 칭찬 몇 마디를 해 주자 에르고그래프에서 아이들의 에너지 수치가 즉각적으로 치솟았다. 반면에 아이들을 비판하거나 낙심시키는 말을 하자 에르고그래프에서 신체적 에너지 수치가 급격히 줄어들었다.[1]

아마 대부분의 독자가 이미 이 사실을 직관적으로 알고 있으리라. 칭찬을 받으면 나도 모르게 힘이 솟지 않던가? 비판의 말을 들으면 기분이 축 처지지 않던가? 이처럼 말에는 큰 힘이 있다.

우리가 처음 만나는 사람에게 칭찬부터 건네는 습관을 꾸준히 들인다면 어떤 분위기가 만들어질까? 사람들을 격려함으로써 우리는 그들에게 에너지를 전해 주는 사람이 된다. 우리가 어떤 공간에 들어가면 그곳에 있던 사람들이 우리를 보자마자 얼굴이 환해진다. 우리가 가는 곳마다 분위기가 화기애애해진다. 우리가 나타나기만 하면 사람들의 하루가 밝아진다. 바로 이것이 카리스마다.

격려, 의욕을 북돋우는 힘

그린베이 패커스(Green Bay Packers) 미식축구 팀 감독 빈스 롬바르디(Vince Lombardi)는 호랑이 감독으로 유명했다. 하지만 그는 선수들 사기를 진작시키는 능력이 탁월한 리더이기도 했다. 하루는 그가 블로킹에 여러 번 실패한 선수를 호되게 야단쳤다. 연습 후 롬바르디가 라커룸에 가 보니 그 선수가 고개를 떨군 채 풀이 죽어 앉아 있었다. 롬바르디는 그의 머리카락을 부드럽게 헝클어뜨리고 어깨를 토닥이며 말했다. "넌 언젠가 NFL(미국 미식축구 리그) 최고의 가드가 될 거야."[2]

그 선수는 바로 제리 크레이머(Jerry Kramer)였다. 크레이머는 감독이 심어 준 긍정적인 자아상을 선수 생활 내내 간직했다고 회고했다. "롬바르디 감독님의 격려는 내 인생에 막대한 영향을 미쳤다."[3] 훗날 크레이머는 그린베이 패커스 명예의 전당에 입성했고, NFL 50주년 기념 올스타 팀에서 뛰었다.

누구에게나 때때로 격려가 필요하며, 격려는 실제로 다음과 같은 일을 한다.

* 격려는 무엇을 해야 하는지 이미 아는 사람이 그것을 하도록 도와준다.
* 격려는 어떤 결심을 해야 하는지 이미 아는 사람이 그 결심을 하도록 도와준다.
* 격려는 어떤 습관을 끊어야 하는지 이미 아는 사람이 그 습관을 끊도록 도와준다.
* 격려는 어떤 길로 가야 하는지 이미 아는 사람이 그 길로 가도록 도와준다.

격려는 사람들이 이루고 싶은 것을 이루게 해 준다.

*

내가 정말 좋아하는 격려의 말이 있는데, 바로 건국의 아버지 벤저민 프랭클린(Benjamin Franklin)이 미국 독립 전쟁 당시 해군 사령관 존 폴 존스(John Paul Jones)에게 보낸 편지의 한 대목이다.

> 앞으로 그대 휘하의 장교들과 친구들에게 마땅히 해야 할 칭찬보다 조금 더 많이 칭찬해 주고, 그대가 책임지고 떠안아야 할 잘못보다 조금 더 많이 잘못을 책임져 준다면 그대는 오래지 않아 위대한 사령관이 될 겁니다. 그대가 함께 일해야 하는 주변 사람들을 비판하고 책망하면 친구는 줄어들고 적은 늘어나 그대의 일을 망치게 될 겁니다. [4]

사람들을 부정적으로 대하면 당신의 카리스마와 리더십은 그만큼 약해진다. 반대로, 그들을 격려할수록 당신의 카리스마와 리더십은 그만큼 강해진다. 그러니 사람들과의 관계를 개선하고 당신과 당신이 이끄는 조직을 위해 더 좋은 환경을 조성하고 싶다면 사람들을 만날 때마다 격려해 주라.

5. 이름을 기억하고 불러 준다면

**기억하라. 그 어떤 언어에서든,
사람에게 자신의 이름은,
가장 달콤하고 중요한 소리다.**

데일 카네기
Dale Carnegie

1937년, 모든 인간관계 서적의 원조 격인 책이 출간되었다. 나오자마자 선풍적인 인기를 끌었고, 3,000만 부 넘게 판매된[1] 이 책은 바로 데일 카네기의 《인간관계론》(How to Win Friends and Influence People)이다. 이 책이 그토록 큰 인기를 끈 건 카네기가 인간의 본성을 잘 꿰뚫어 보았기 때문이다. 가히 카리스마에 관한 교과서라고도 할 수 있다.

어릴 적에 아버지는 용돈을 그냥 주시지 않고 내가 책을 한 권 읽을 때마다 주셨다. 이 책도 그런 이유로 읽게 된 책이었는데, 여하튼 간결하고도 지혜로운 카네기의 말들이 참 인상 깊었다. 특히 나는 사람들의 이름을 기억하고 불러 줘야 한다는 걸 그 책에서 배웠다.

우리는 사람의 이름이 지닌 마법을 인식해야 한다. 이 것이 우리가 상대하는 사람이 다른 어느 누구와도 나누지 않고 …… 홀로 온전히 소유한 유일한 것임을 알아야 한다. 이름은 한 사람을 다른 모든 사람과 구별해 주고, 독특한 존재로 만들어 준다. 우리가 정보를 전달하거나 요청을 할 때 우리가 상대방의 이름을 부르며 그 상황에 접근하면 그 정보나 요청이 특별한 의미를 지니게 된다. 종업원에서 기업 경영진에 이르기까지 우리가 다른 사람들을 대할 때 이름은 마법 같은 힘을 발휘한다.[2]

중학생 때 이 글을 처음 읽고 난 이후, 나는 사람들의 이름을 알아내고 기억하는 습관을 길렀다.

개인적인 접촉이
더욱 필요해진 시대

1937년에도 진실이었던 이 사실은 정신없이 돌아가는 오늘날 더욱 절실하게 다가온다. 사람들은 전에 없이 고립되어 있고, 주목받지 못한다. 사람들은 계좌번호나 사용자 아이디로 식별된다. 그 결과, 그들은 자신의 존재를 인정받지 못하고 소중하게 여겨지지 못한다고 느낀다.

사람의 이름을 기억하고 불러 주는 건 개인적으로 그 사람에게 관심이 있다는 뜻이다.

너무도 많은 리더가 팀원들을 저마다의 독특한 개인으

로 대하지 않고 있다. 뭉뚱그려 하나의 팀으로만 대한다. 마치 팀원들이 이름 없는 자들의 무리인 듯 취급한다. 심지어 팀원 자체를 보지 않고 오직 팀의 기능만 보는 리더들도 있다. 집단을 개개인의 집합이 아니라 자신의 목적과 성공을 위한 기계나 도구로 취급한다.

특히 큰 조직일수록 리더는 사람들의 이름을 알아내고 외우고 불러 줘야 한다. 그럴 때 조직원을 귀하게 여긴다는 사실을 보여 줄 수 있다. 그들을 알기 위해 노력하는 만큼 그들에게 관심이 있다는 메시지를 전달할 수 있다.

사람들과의 관계를 개선하고 자신의 호감도를 높이고 싶다면 사람들의 이름을 기억하라. 이와 관련해서 몇 가지 팁을 소개하겠다.

이름을 소중히 여기고 외우기로 결심하라

예나 지금이나 사람들은 자신의 이름을 소중하게 여긴다. 극작가 윌리엄 셰익스피어(William Shakespeare)는 다음과 같은 글을 썼다.

장군님, 남녀를 불문하고 좋은 이름은 영혼의 가장 중

요한 보석입니다. 제 지갑을 훔치는 자는 쓰레기를 훔치는 것과 같습니다. 지갑은 별것 아니기도 하고, 아무 의미도 없는 것이니까요. 지갑은 한때 제 것이었지만, 이제는 그의 것이고, 그런 식으로 수많은 사람의 노예였던 것입니다. 하지만 제게서 저의 좋은 이름을 훔쳐 가는 자는, 자신을 부유하게 만들지도 못하면서 저를 진정으로 가난하게 만드는 것을 빼앗아 가는 것입니다.[3]

당신이 자신의 이름을 얼마나 소중히 여기는지를 생각해 보라. 누군가가 당신의 이름을 잘못 부르면 어떤 기분이 드는가? 당신이 이름을 제대로 알려 주고 그와 시간을 보낸 뒤에도 그가 계속해서 당신의 이름을 틀리게 부른다면? 반대로, 오랫동안 얼굴을 보지 못한 사람이 여전히 당신의 이름을 정확히 기억하고 있을 때는 어떤 기분이 들까? 기분이 좋지 않을까? 아니, 감동하지 않을까? 사람들이 우리의 이름을 알 정도로 우리에게 관심을 갖고 있다는 사실에 중요한 사람이 된 기분이 들 것이다.

사람의 이름은 결코 저절로 외워지지 않는다. 의식적인 노력이 필요하다. 이제 그 노력을 하기로 결심하라.

세이브(SAVE)

오하이오주립대학교 농구 팀의 전설이자 NBA(미국 프로 농구) 명예의 전당에 오른 내 친구 제리 루카스(Jerry Lucas)는 "미스터 기억력"(Mr. Memory)으로 유명했다. NBA에서 큰 성공을 거둔 뒤, 그는 다양한 혁신적 방법들로 사람들의 기억력을 향상시키도록 돕는 일에 남은 인생을 바쳤다. 그가 가르친 방법 중 하나는 "세이브" 요법이다.

S { Say } 대화 도중 이름을 세 번 말하라.

A { Ask } 이름(예를 들어, 어떻게 발음하는지)이나
           상대방에 관해 물으라.

V { Visualize } 상대방의 독특한 신체적 혹은
                 성격상 특징을 머릿속에 그리라.

E { End } 이름을 말하면서 대화를 끝내라.[4]

나도 비슷한 방법들을 사용해 사람들의 이름을 기억하곤 했는데 그 효과가 매우 탁월하다. 오래전 루카스는 조니 카슨(Johnny Carson)이 진행하는 옛 〈투나잇 쇼〉(Tonight Show)에서 세이브의 효과를 증명해 보였다. 방송이 시작되기 전

에 루카스는 그날 밤 방청객으로 참석할 사람들을 만나 모든 사람의 이름을 외웠다. 그리고 방송 도중 모든 방청객의 이름을 기억해 냈다.

정말로 효과가 있는지 당신도 한번 시험해 보라.

당사자 앞에서 이름이 잘 떠오르지 않을 때

누구나 다른 사람 이름이 좀처럼 기억나지 않을 때가 있다. 그럴 때는 그 사람을 마지막으로 봤던 때의 상황을 떠올려 보라. 그마저 기억나지 않을 때는 '그 사람을 만난 지 얼마나 되었지?'라고 되짚어 보라. 그러면 기억이 되살아날 수 있다.

또 이런 방법도 있다. '이름이 기억나지 않는 그 사람'에게 (당신이 이름을 확실히 아는) 다른 누군가를 소개해 주는 것이다. 그러면 그 사람이 알아서 자기 이름을 말하게 된다. 혹은 친구나 동료와 함께 사람들을 만날 때는 서로 도와주기로 사전에 이야기를 나눌 수 있다. 우리 부부는 이 방법을 자주 사용한다. 내가 아내에게 누군가를 소개해 줄 때 이름을 말하지 않으면 아내는 내가 정확히 기억하지 못하는 줄 눈치채고서 재빨리 자기 소개를 한다. 그러면 상대방도 그

때 자기 이름을 말하게 된다.

하지만 이런저런 방법들이 모조리 실패하거든 그냥 솔직하게 털어놓는 게 좋다. "성함을 기억하지 못해 정말 죄송합니다." 그리하여 상대방이 자신의 이름을 다시 말해 주면 그때 앞서 소개한 세이브 방법을 사용하여 다음번에는 잘 기억하면 되는 것이다.

이름을 잊어버렸다고 해서 자책하지 말라

노력할수록 사람들의 이름을 더 잘 기억하게 된다. 하지만 실수를 하더라도 자신을 너무 몰아붙이지 말라. 최근에 나도 성이 레이크(Lake)였던 부부를 만났을 때 실수를 했다. 이름을 외울 때 내가 사용하는 방법 중 하나는 그 이름을 머릿속 이미지와 연결시키는 것이다.

레이크 부부를 소개받자마자 즉시 머릿속에 호수(lake) 이미지를 떠올렸고, 곧바로 내가 어릴 적에 자주 갔던 하거스호(Hargus Lake)를 연결시켜 외웠다. 그리고 며칠 뒤…… 그 부부를 다시 만났을 때, 실수로 이렇게 인사하고 말았다. "안녕하세요, 하거스 씨!" 아뿔싸!

때로는 최고의 노력이 우리를 실망시키기도 한다!

*

이름을 기억하기 위해 노력한다면, 설령 가끔만 성공하더라도 괜찮다. 당신이 이름을 기억하는 사람들은 당신에게 고마워할 것이다. 이름이 기억나지 않는 사람들도 마찬가지로 당신이 그들에게 관심을 갖고 그들을 더 잘 알려고 노력한다는 사실을 틀림없이 알아줄 것이다. 그런 당신의 좋은 태도는 반드시 빛을 발할 것이며, 사람들은 당신에게 더욱 끌리게 되어 있다.

6. 상대방에게 무엇이 중요한지를 파악한다면

철판에 작전을 그릴 수 있는 감독은 흔해 빠졌다.
성공하는 감독들은 선수들 마음속으로 들어가
열정을 일으킨다.

빈스 롬바르디

Vince Lombardi

1980년대에 나는 30명 남짓의 리더들과 함께 현대 경영학의 아버지로 불리는 피터 드러커(Peter Drucker)와 이틀을 보내는 특권을 누렸다. 그때 드러커가 이런 말을 했다. "사람들을 이끄는 것은 오케스트라를 지휘하는 것과도 같습니다. 지휘자는 여러 연주자와 악기들을 속속들이 알아야 합니다."

드러커는 우리에게 팀원들을 '진정으로' 알아야 한다고 말했다. 나는 그 말을 마음 깊이 새겨, 조직원 한 사람 한 사람이 어떤 사람이며 그에게 무엇이 중요한지를 알아내기 위해 항상 최선을 다했다.

"당신에게 중요한 것이
내게도 중요합니다"

상대방에게 무엇이 중요한지를 알아내기 위해 노력하

면서 이를 우리에게도 중요한 것으로 삼으면 상대방은 우리가 그에게 얼마나 관심이 많고 얼마나 좋은 관계를 맺고 싶어 하는지를 실질적으로 느끼게 된다. 또한 우리는 상대방을 더 존중하고 그를 있는 그대로 받아들이게 된다. 나는 지난 40년간 사람들을 더 깊이 알기 위해 노력하면서 많은 걸 배웠다. 여기서 그중 몇 가지만 소개해 보겠다.

사람은 다 다르다는 사실 받아들이기

'모두가 반드시 나처럼 해야만 성공한다'고 생각했던 철 없던 시절이 있었다. 그 이야기는 지난 책들에서도 다루었다. 세월이 흐르며 나도 많이 달라졌다. 특히 플로렌스 리타우어(Florence Littauer)가 쓴 *Personality Plus*(기질 플러스)를 읽으면서 생각이 바뀌었다. 나로서는 눈이 번쩍 뜨일 만큼 놀라운 내용을 담고 있는 책이었다.[1] 또 나는 전 세계를 돌아다니며 여러 분야에서 다양한 사람을 만났고, 그 과정에서 점점 성숙해졌다.

이제 나는 내가 지닌 기술과 능력의 한계를 너무나 잘 안다. 그리고 '나와는 다른' 사람들의 재능과 기질도 있는 그대로 받아들이게 되었다. 이제 사람들이 나와는 매우 다른 인생을 경험했고, 나와 같은 혜택을 누리지 못한 사람도 세상에 많다는 걸 안다. 그리하여 전보다 훨씬 더 열린 마음으로 사람들을 바라보고 그 차이를 존중하게 되었다.

사람들에게 중요한 게 뭔지를 알아내려고 노력하되 그들을 판단하지 않도록 주의하라. 사람들을 귀하게 여기고, 그들의 있는 모습 그대로 받아들이고, 당신과의 차이점을 존중하라. 모두가 중요한 사람이며 저마다의 가치를 지니고 있다. 그리고 그들이 관심을 기울이는 것 또한 중요한 것이다.

상대방을 알기 위한 좋은 질문 던지기

당연한 말처럼 들리지만, 사람들이 무엇에 민감하고 무엇을 가장 중요하게 여기는지를 알아내려면 좋은 질문을 잘 던져야 한다. 오랜 세월에 걸쳐 나는 좋은 질문 목록을 개발했다. 이 목록은 매번 내게 큰 도움이 되었다. 당신도 적극 활용해 보기를 추천한다.

* **당신의 꿈은 뭔가요?** 상대방이 이미 이룬 것을 보면 그의 머릿속을 들여다볼 수 있다. 하지만 그의 마음을 이

해하려면 그가 무엇을 꿈꾸는지 알아야 한다.

* **당신을 울게 하거나 힘들게 하는 건 뭔가요?** 상대방의 고통을 이해하면 그의 마음을 이해하게 된다.

* **당신을 웃게 하거나 즐겁게 하는 건 뭔가요?** 사람들은 기쁨을 느끼는 일에서 강점을 발휘하는 경우가 많다.

* **당신의 가치관은 뭔가요?** 상대방이 우리에게 자신의 가치관을 말한다면 그의 마음 가장 깊은 곳에 들어갔다고 봐도 무방하다.

* **당신의 강점은 뭔가요?** 뭐든 사람들이 자신의 강점이라고 생각하는 건 그들이 마음속에서 자랑스러워하는 것이다.

* **당신은 어떤 기질인가요?** 이 질문에 대한 상대방의 답을 들어 보면 대개 그의 마음속으로 들어가는 길을 발견하게 되는 경우가 많다.

당연한 말이지만, 절대 이런 질문이 인터뷰처럼 느껴져서는 안 된다. 또 한자리에서 모든 답을 알아내려 하지도 말아야 한다. 이 모든 과정은 의도적이면서도 지극히 자연스러워야 한다. 호기심을 발휘하라. 질문을 던지라. 경청하라. 상대방에 대해 배우라.

공통의 기반 쌓기

　영어의 "커뮤니케이션"(communication)은 "공통의"를 의미하는 라틴어 "코뮤니스"(communis)에서 나왔다. 뛰어난 리더, 커뮤니케이션 전문가, 사람을 잘 다루는 사람들은 대화하는 상대와의 사이에서 항상 공통된 무언가를 찾아낸다. 그럴 때 카리스마 넘치는 사람이 된다. 공통의 기반 위에서 이들은 상대방과 연결될 수 있다. 당신이 질문을 던지고 경청했다면 공통의 기반을 발견했을 것이다.

　회의 중에 각자 다른 생각을 속에 품고서 대화를 하면 공통의 기반이 쌓이기 어렵고, 소통이 원활하게 이루어지지 않는다. 그럴 때는 회의에 참석하는 모든 사람이 다음과 같은 한 가지 간단한 기본 규칙에 동의할 것을 제안해 보라. 바로 상대방 의견에 동의하지 않을 경우, 반박하기 전에 반드시 '상대방의 입장'을 분명히 이해하고 명확하게 설명할 수 있어야 한다는 규칙이다. 이 방법을 사용하면 공통의 기반이 얼마나 금방 쌓이는지에 깜짝 놀라게 될 것이다.

사람은 계속해서 변한다는 사실 인정하기

상대방의 꿈과 바람에 귀를 기울이고 그 사람에게 가장 중요한 것을 발견하기만 해도 더없이 훌륭하다. 하지만 이러한 단 한 번의 노력으로 그 사람을 완전히 알았다고 생각한다면 오산이다. 시간이 흐르면 인간의 마음을 비롯한 모든 것이 변한다. 한 사람을 진정으로 알기 위해서는 평생에 걸쳐 맺어 가는 관계 속에서 지속적으로 대화를 나누어야 한다.

텍사스인스트루먼츠(Texas Instruments)의 전 회장 프레드 버시(Fred Bucy)는 이렇게 말했다. "어제 통했던 게 오늘도 통할 거라고 생각하기가 너무도 쉽다. 하지만 전혀 그렇지 않다."[2] 커리어의 특정 단계에 있는 사람들에게 통한 효과적인 동기 부여 방법이 나중에도 효과적이리라는 보장은 없다. 나이가 들면서 마음을 움직이는 것들도 달라질 수 있다. 인생의 성공과 실패, 비극과 승리, 이루어진 목표와 꿈은 사람의 가치관과 갈망 모두에 영향을 미친다.

그렇다면 어떻게 해야 계속해서 사람에 대해 배워 갈 수 있을까?

마음 깊은 곳에서 연결되기 위한 노력을 계속하라. 무엇이 상대방의 마음을 움직이는지 계속해서 물어보라. 요즘들어 그 사람의 답이 달라지고 있다면 그가 변하고 있는 것이다. 그렇다면 현재 그 사람에게 무엇이 중요한지를 다시금 알아내야 한다.

〖 변화의 지표 눈여겨보기 〗

살다 보면 '변화'를 경험하기 쉬운 시절을 맞이한다. 이를테면 다음과 같은 순간이다.

너무 상처받아서 변화해야만 할 때.
충분히 배워서 변화하고 싶을 때.
충분히 받아서 변화할 수 있을 때.

이런 변화의 지표들을 눈여겨보라. 이런 지표들이 삶에 나타나면 상대방과 연결되기 위한 노력에서 지금까지 잘 통했던 방식을 바꿔야 할 때가 되었다는 신호다.

*

사람들에게 무엇이 중요한지를 알아내는 이 과정에 관해 한마디만 더 하고 이번 장을 마치고자 한다. 사람들에게 무엇이 중요한지를 알아내면 그 사람들에게 더없이 매력적인 사람이 되겠지만, 순수한 동기만큼은 한결같이 간직해야 한다. 즉 내가 아닌 상대방의 유익을 위해 알려고 애써야 한다.

상대방에게 무엇이 중요한지를 아는 것을 나는 "그 사람의 마음속으로 들어가는 열쇠"를 얻는 것이라 부른다. 사람들이 우리에게 그 마음속 비밀을 알려 주는 행위는 굉장한 신뢰의 표현이다. 자칫 자신을 열어 보이다가 상처를 입을 수 있기 때문이다.

따라서 우리는 다른 사람의 성장과 발전을 도와주려는 의도에서만 그 "열쇠를 돌려야" 한다. 어떤 경우에서든 내 이익을 추구하기 위해 다른 사람을 이용하려 들면 안 된다. 이 원칙을 지키면 당신은 계속해서 신뢰가 가는 사람으로 남을 것이다. 이런 신뢰성이야말로 사람의 마음을 가장 강하게 끄는 품성 중 하나다.

7. 마음과 귀를 활짝 열어 둔다면

커뮤니케이션에서 가장 중요한 것은
상대방이 입으로 말하지 않는 것을 듣는 것이다.

피터 드러커

Peter Drucker

나는 천성적으로 사교적인 기질의 사람이며, 갤럽의 연구가들이 말하는 이른바 "WOO"(사람을 얻는 능력, 사교성)라는 강점을 지녔다. 그럼에도 불구하고 실제로 다른 사람 이야기를 잘 들어 주는 데는 몹시 약했다. 특히 이 직업을 가진 초창기 시절에는 경청 실력이 아주 형편없었다. 내가 모든 걸 안다고 생각하는 게 가장 심각한 문제였다. 다른 사람이 말하는 동안에도 머릿속에서는 내가 할 다음 말을 구상하느라 분주했다. 그리고 내게 말할 시간만 충분히 주어진다면 누구든 설득할 자신이 있다고 자신감이 넘쳤다.

그런 내게 경종을 울린 사건이 일어났다. 우리 직원 한 명이 용기를 내서 이런 내 문제점을 지적한 것이다. 그는 내가 도무지 남의 말을 안 듣는 사람이라고 했다. 그 말을 듣고 처음에는 적잖이 상처를 받았지만 결국 다 맞는 말이라는 걸 깨달았다. 당시 일터에서 나는 사람들의 말에 귀를 잘 기울이지 않았다.

가정에서는 그래도 '조~금' 낫긴 했다. 나는 아내를 사랑하기에 아내의 말을 정말 잘 듣고 '싶어 했다.' 하지만 아내를 향한 나의 사랑조차 내가 모든 답을 알고 있다고 생각하는 교만한 태도를 완전히 꺾지는 못했다. 나는 아내와의 말싸움에서 대부분 이겼지만 그때마다 아내에게 감정적으로 상처를 입혔다. 그러다 마침내 내 잘못을 깨달았고, 그 후로는 아내의 말에 조금씩 더 귀를 기울이기 시작했다. 아내의 말은 물론이고 말 이면에 담긴 감정에도 귀를 기울이려고 최선을 다했다. 내가 열린 마음으로 듣는 법을 배우자 그때부터 우리 부부의 관계가 개선되기 시작했다.

귀와 '함께'

마음을 열라

우드로 윌슨(Woodrow Wilson) 전 대통령은 이렇게 말했다. "리더의 귓속은 사람들의 음성으로 울려야 한다."[1]

내가 만난 훌륭한 리더들은 하나같이 경청을 잘하는 사람들이었다. 그들은 귀로만 듣지 않고 마음으로도 들었다.

당신이 예전의 나처럼 다른 사람의 말을 잘 안 듣는 사람이라면 경청의 기술을 알려 주고 듣는 능력이 좋아지도록 도와주고 싶다. 경청을 잘하는 사람이라면 앞으로 더 좋은 리더, 사람을 끌어당기는 매력 넘치는 리더로 성장할 수 있을 것이다.

경청에 필요한 건 마음을 열어 공감하고 이해력을 발휘하는 것이다. 그럴 때 '행간을 읽을 줄' 알게 된다. 즉 상대방의 말에서 그 사람의 감정을 말해 주는 신호들을 포착할 줄 알게 된다. 이외에도 다른 이의 말을 더 잘 듣기 위한 네 가지 팁을 소개하겠다.

말하고 있는 상대방에게 집중하기

세계 최고의 협상가로 불리는 허브 코헨(Herb Cohen)은 이렇게 말했다. "효과적인 듣기에는 단순히 전달되는 말을 듣는 것 이상이 필요하다. 말속에 담긴 의미를 찾아 이해해야 한다. 결국 의미는 말보다 사람에게 있다."[2] 많은 사람이 전달되는 말 자체에만 초점을 맞추고, 눈앞에 있는 사람은 마치 잊어버린 듯 군다. 그러면 마음으로 들을 수 없다. 무엇보다 눈앞에 있는 현재의 그 사람에게 집중하라.

나는 참을성이 부족한지라 내 관심사를 우선시하는 성향과 늘 싸워야 한다. 경청에 서툰 사람이 대개 이렇다. 그래서 다른 사람과 대화할 때마다 진심으로 귀 기울여야 한다는 것을 상기하고자, 나는 수년 동안 내가 쓰는 노트 한 쪽 구석에 아예 '경청'(listen)을 뜻하는 'L'을 써 두었다.

만약 당신도 참을성이 부족하다면, 속도를 늦추고 상대방을 먼저 생각하라. 상대방이 표현하는 말의 내용뿐만 아니라 눈앞의 그 사람에게도 집중하라.

마음과 생각을 활짝 열기

대화하는 상대에게 초점을 맞춘 뒤에도 여러 장애물이 효과적인 듣기를 방해할 수 있다. 경청을 가로막는 다음 요소들을 처리하라.

* **방해 요소**　전화 통화, 텔레비전, 컴퓨터를 비롯해서 경청을 할 수 없게 하는 온갖 것들.
* **방어적인 태도**　불평이나 비판을 개인적인 공격으로 받아들이면 방어적으로 굴게 될 수 있다. 자신을 보호하는 데 집중하기 시작하면 상대방의 말이나 생각, 감정에 신경을 거의 쓰지 못한다.
* **닫힌 마음**　자신이 모든 답을 알고 있다고 생각하면 다른 사람 말에 저절로 귀를 닫게 된다. 마음을 닫으면 귀도

닫히기 마련이다.

* **투사** 자신의 생각이나 감정을 무의식적으로 상대방에게 투사하면 그 사람의 진짜 생각이나 감정을 헤아리지 못한다.

* **가정** 성급하게 결론을 내리고 나면 상대방 말에 더 이상 귀를 기울일 필요가 없어진다.

* **교만** 상대방에게서 배울 게 없다는 생각이야말로 경청의 가장 치명적인 걸림돌이다. 자기로 꽉 차면 외부의 의견이 들어올 틈이 거의 없다.

물론 우리의 목표는 소통을 가로막는 이런 방해 요소를 제거하는 것이다. 가능하면 경청하기에 좋은 '물리적' 환경을 조성하라. 소음과 방해 요소가 없는 곳으로 가라. 그리고 경청하기에 좋은 '정신적' 환경을 조성하라. 방어적인 태도와 선입관을 버리고 열린 마음으로 소통하라.

적극적으로 듣기

수동적인 듣기와 적극적인 듣기는 완전히 다르다. 마음으로 들으려면 적극적으로 들어야 한다. 마이클 에브라소프(Michael Abrashoff)는 *It's Your Ship*(당신의 함선이다)에서 대부분의 사람이 공격적으로 듣기보다는 공격적으로 말한다고 설명했다. 함장이었던 그가 경청하는 사람이 되기로 결심하자 그 함선에 타고 있는 모든 이에게서 큰 변화가 나타났다. 그는 이렇게 말했다.

어린 수병(水兵)들이 똑똑하고 재능이 많으며 좋은 아이디어로 가득한데도 책임자 위치에 있는 윗사람 가운데 어느 누구도 수병들의 말에 귀 기울이지 않아 그 좋은 아이디어들이 사장되는 일이 비일비재하다는 걸 오래지 않아 깨달았다. 여느 조직들과 마찬가지로 해군에서도 관리자들은 일방적인 전달 방식에 익숙해져 부하들 말을 받아들이지 않고 그냥 흘려듣는 듯했다. 그들은 위에서 내려온 명령만 하달하고 아래에서 올라온 제안은 환영하지 않았다.

함선의 운영을 개선하기 위한 수병들의 말을 적극적으로 듣고 좋은 아이디어를 모두 모으는 게 내 일이라는 결론을 내렸다. 일부 전통주의자들은 정설에 어긋나는 발상으로 여길지 모르겠지만, 사실 당연한 이치다. 결국 현장에서 실무를 담당하는 수병들은 장교들이 보지 못하는 것들을 늘 본다. 그러니 지휘관이 수병들의 눈으로 배를 보려고 노력하는 게 당연하지 않은가. …… 수병들과 인터뷰를 하고 나서 내 안에서 어떤 일이 일어났다. 나는 우리 함선에 있는 수병들을 엄청나게 존경하게 되었다. 이제 그들은 내가 명령을 퍼붓는 이름 없는 존재가 아니었다. 나는 그들에게 희망과 꿈, 사랑하는 사람들이 있음을 깨달았다. 그들은 자기가 하는 일이 의미 있다고 믿고 싶어 했으며, 존중받기를 원했다.[3]

함장의 태도가 변하자 그의 휘하에 있는 수병들이 달라졌고, 이어서 함선 전체가 달라졌다. 그 결과는 실로 놀라웠다. 경청을 잘하려면 '적극적으로' 들어야만 한다.

상대방을 이해하기 위해 듣기

거의 모든 커뮤니케이션 문제의 근본적인 원인은 사람들이 상대방을 이해하기 위해 듣지 않고 그저 응수하기 위해 듣는다는 것이다. 의학 박사이자 펜실베이니아대학교 (University of Pennsylvania) 정신의학과 교수인 데이비드 번스 (David Burns)는 이렇게 말했다. "설득력 있게 말하려고 할 때 우리가 저지르는 가장 큰 실수는 내 생각과 감정을 표현하는 걸 최우선으로 삼는 것이다. 대부분의 사람이 정말 원하는 건 상대방이 내 말을 경청하고 존중하고 이해해 주는 것이다."[4]

사람들과 진정으로 연결되고 열린 마음으로 경청하고 싶다면, 상대방의 말에 어떻게 응수할지, 어떻게 내 말이 옳다는 걸 증명할지에 골몰하지 말라. 그저 상대방을 이해하기 위해 들으라.

사람들의 말을 잘 듣고 이해해 주면 부수적인 효과가 따라온다. 번스는 말했다. "사람들은 자신이 이해받고 있다고 느끼는 순간, 상대방의 관점을 보다 더 이해하려고 노력한다."[5] 우리가 마음으로 들을 때 양쪽 모두가 득을 보는 윈윈의 관계가 이루어진다.

*

우리는 카리스마를 과감하거나 유능한 행동과 결부시키는 경우가 너무도 많다. 카리스마 하면 대중 앞에서 말을 잘하고, 자신의 일을 당당하게 해내고, 뭔가 영웅적인 일을 하는 장면을 떠올린다. 물론 이런 모습이 우리를 좀 더 돋보이게 한다. 하지만 다른 사람과 진정으로 연결되고 좋은 관계를 쌓기 위한 최선의 길은 최대한 내가 할 말을 삼가고 상대에게 관심을 쏟으며 전심으로 귀를 기울이는 것이다.

당장 이렇게 해 보라. 그리고 나서 사람들이 어떻게 반응하는지 지켜보라.

8. 그들만의 스토리에 귀를 기울인다면

**대부분은 사람은
다른 사람이 자기 요구를 들어주는 것보다
자기 이야기 들어 주기를 더 원한다.**

필립 스탠호프 *Phillip Stanhope*

〔체스터필드 백작〕

L

사람들과 연결되려면 그들의 이야기를 들어 줘야 한다. 나는 누군가와 꽤 오랜 시간 함께 있게 될 때마다 상대방에게 자신에 대한 이야기를 해 달라고 말한다. 나는 사람들의 인생 여정뿐 아니라 그들의 관심사와 희망, 꿈, 실망스러웠던 경험, 어려움에 대해 들으려고 노력한다. 듣는 그 시간만큼은 상대방에게 온 힘을 다해 집중한다. 그 사람에게 스포트라이트를 비추고, 그 사람이 중요한 사람이라고 느끼게끔 반응해 준다. 내가 상대방에게 진정으로 관심이 있음을 상대방이 알도록 말이다.

심지어 자기 이야기 하기를 '싫어하는' 사람들을 만나도 얼마든지 그들에 관해 많은 것을 알아낼 수 있다. 단지 좀 더 조심스럽게 다가가기만 하면 된다. 사람들을 이끌려고 하기 전에 먼저 신뢰를 쌓기 위한 노력부터 하라.

그 사람만의 스토리를
제대로 듣기 위한 3단계

지금부터 소개할 '잘 듣는 기술'은 누구나 따라해 볼 수 있는 내용이다. 경험이 없어도 괜찮다. 소통의 달인이 아니어도 된다. 외향적인 사람이 아니어도 상관없다. 오히려 이는 내향적인 사람들에게 유용한 관계 기술이다. 다음 세 가지를 시도해 보라.

진정한 관심을 담아 묻기

새로운 사람을 만나면 인사말과 간단한 자기소개와 함께 가벼운 담소를 주고받은 뒤 그 사람의 이야기에 관해 과감하게 물어보라. 다양한 방법으로 그럴 수 있다. 먼저, 직접적으로 물어보는 방법이 있다. "당신의 이야기가 궁금해요." 이렇게 상대방에게 그의 이야기를 해 달라고 대놓고 부탁할 수 있다. 어디 출신인지, 혹은 지금의 분야에서 일하게 된 계기가 무엇인지 물어도 좋다. 뭐든 당신에게 맞는 스타일로 시도하라.

지금까지 이렇게 해 본 적이 없어서 어색할까 봐 걱정이 되는가? 그렇다면 다시 만날 확률이 별로 없는 사람들, 예를 들어 택시 운전기사나 비행기 옆자리에 탄 승객, 식당에서 만난 종업원에게 먼저 연습해 보라. 전혀 모르는 사람들에게 이런 질문을 하는 게 익숙해지면 그때부터는 어떤 상황에서든 질문을 던지기가 쉬워진다.

상대방에 대해 이미 어느 정도 알고 있다고 해도 또 물어보기를 주저하지 말라. 상대방이 자신에 관한 새로운 사실을 말하거나 어떤 확고한 의견을 밝힌다면 후속 질문도 던져 보라.

* "전에 그 일에 대해 말씀하신 적 없으셨죠? 혹시 무슨 일이 있었나요?"
* "아, 정말 흥미롭네요. 무슨 사연이 있을 것 같은데요."
* "전혀 몰랐어요. 좀 더 자세히 이야기해 주시겠어요?"
* "그 일로 많이 속상하신 것 같네요. 괜찮으신가요?"

이런 질문을 던질 때마다 더 깊은 관계, 더 깊은 연결로 가는 문이 열린다.

앞서 말했듯이 처음부터 내가 잘 들었던 게 아니다. 나는 말을 많이 하지 않고 상대방에게 집중하면서 적극적으로 듣는 연습을 수없이 해야 했다. 수년 전에 나는 잘 듣기 위한 제안들을 목록으로 정리한 좋은 자료를 발견했다. 〈비츠 앤 피시스〉(Bits and Pieces)지에서 오려 냈던 것 같다. 그중 몇 가지 제안을 여기서 소개해 보겠다.

* **말하는 상대방의 눈을 보라.** 눈을 봄으로써 내가 상대방에게 집중하고 있음을 보여 줄 수 있다.
* **상대방에게 집중하라.** 휴대폰을 보는 식의 한눈을 팔지 말라.
* **예의를 지키라.** 동의하지 않는 말을 듣더라도 눈을 치켜뜨거나 인상을 찌푸리지 말라.
* **말을 끊지 말라.** 말을 끊고 싶더라도 참고 "계속해 보세요"나 "그렇군요" 같은 말로 대화를 이어 가라.
* **정리해서 말해 주라.** "이런 말인 것 같은데요? 맞죠?"라는 말로 상대방의 말을 이해하고 있음을 보여 주라.

요지는 상대방에게 진정으로 집중하라는 것이다. 많은 사람의 문제점은, 상대방이 말할 때 집중해서 듣고 이해하지 않은 채 자기 차례가 올 때 할 말을 미리 생각하고 있는 것이다. 하지만 상대방에게 관심을 오롯이 집중할 때 오히려 다음 단계를 더 효과적으로 밟을 수 있다.

상대방의 이야기 기억하기

숫자를 기억하는 능력이 탁월한 이들이 있는가 하면, 이름이나 얼굴을 유독 잘 기억하는 이들이 있다. 하지만 이야기는 누구나 잘 기억한다. 왜일까? 이야기는 인간이 세상을 이해하는 방식이기 때문이다.

인류는 수천 년 동안 이야기를 암송하고 노래로 불렀다. 〈일리아스〉(The Iliad)와 〈오디세이아〉(The Odyssey)처럼 거의 3,000년 전에 만들어졌다고 하는 긴 이야기들도 글로 기록되기 전에 약 3세기 동안 노래(구전)로 전해졌다. 이처럼 이야기는 늘 우리 곁에 있다. 심지어 어린아이들도 이야기를 사랑하고 기억한다. 물론 이야기를 일관되게 '전달' 못 할 때가 많기는 하지만 말이다.

상대방에 대한 이야기를 들음으로써 그와 연결되려고

노력하는 것은, 그들을 향한 긍정적인 감정을 전달하고 더 깊은 관계를 쌓는 데 큰 도움이 될 수 있다. 그 과정은 다음과 같다.

* 상대방의 이야기를 들려 달라고 요청하는 것은 "당신은 특별할지도 모릅니다"라고 말하는 것이다.
* 상대방의 이야기를 기억하는 것은 "당신은 특별합니다"라고 말하는 것이다.
* 상대방에게 그 사람의 이야기를 상기시켜 주는 것은 "당신은 내게 특별합니다"라고 말하는 것이다.
* 상대방의 이야기를 다른 사람에게 전해 주는 것은 "당신은 저들에게도 특별해야 합니다"라고 말하는 것이다.

*

다른 사람에게 관심을 갖고 그들의 이야기에 진정으로 귀를 기울이고 이를 기억하려고 노력하면 그들이 어떤 사람인지 더 잘 알 수 있다. 그러면 그 사람들을 더 잘 도와주고, 더 탁월하게 이끌며, 그들에게 긍정적인 영향을 미칠 수 있다.

9. 상대방을 얼마나 가치 있게 여기는지 '표현'한다면

친구에게 충고는 남몰래,
칭찬은 공개적으로 하라.
푸블릴리우스 시루스
Publilius Syrus

사람들과의 관계를 발전시키는 가장 기본적이고도 직접적인 방법은 우리가 그들을 얼마나 소중히 여기는지 표현하는 것이다. 진심 어린 칭찬을 해 주면 우리가 상대방을 얼마나 귀하게 여기는지를 상대방이 알게 된다.

물론 일대일로 칭찬해도 효과는 엄청나다. 하지만 다른 사람 앞에서 칭찬하면 그 효과가 몇 배로 불어난다. 팀원을 다른 동료들 앞에서 칭찬하면 다른 팀원들이 그가 팀에 얼마나 귀한 존재인지를 느끼게 된다. 또한 상사가 듣는 자리에서 팀원을 칭찬해 주는 건 곧 그 팀원이 조직에 얼마나 가치 있는 인재인지를 표현하는 것이나 마찬가지다.

무엇보다 그 사람이 사랑하는 이들 앞에서 하는 칭찬이야말로 가장 가치 있는 칭찬이다. 이는 그 사람에게 중요한 사람이 곧 우리에게도 중요하다는 걸 보여 주기 때문이다.

개인적인 칭찬을 공개적으로 할 때 칭찬의 가치는 즉각적으로 급상승한다.

다른 사람의 가치를
알아주는 일

사람들과 좋은 관계를 맺고 그들에게 당신이 얼마나 아끼는지를 알려 주고 싶다면, 그들의 가치를 말로 표현해 주라. 그 이유는 다음과 같다.

칭찬은 자신을 가치 있는 존재로 느끼게 한다

메리케이화장품(Mary Kay Cosmetics)의 설립자 메리 케이 애시(Mary Kay Ash)가 이런 말을 했다. "사람은 모두 눈에 보이지 않는 표지를 목에 걸고 다닌다. 그 표지에는 '내가 중요한 사람이라고 느끼게 해 주세요!'라고 쓰여 있다."

애시는 회사의 판매 팀에 이 원칙을 적용했다. 그녀는 틈만 나면 팀원들에게 이렇게 이야기했다. "사람들과 함께 일할 때 이 원칙을 절대 잊지 마세요." 애시는 칭찬과 인정이 다른 사람과 함께 성공을 누리는 데 정말 중요한 요소임을 알았다.

이것이 바로 애시가 엄청난 성공을 거둔 비결 중 하나였다. 1963년, 그녀는 평생 모은 돈 5,000달러와 당시 스무 살

이었던 아들의 도움으로 메리케이화장품을 설립했다. 현재
는 수백만 명의 독립적인 미용 컨설턴트들이 전 세계 거의
40개국에서 이 회사의 제품을 판매하고 있다.[1] 이 회사는
현재 미국을 넘어 전 세계에서 가장 존경받는 직판 업체 중
하나다.

사람을 얻는 리더들이 다 그러하듯, 애시는 사람들이 자
신을 가치 있는 존재로 느끼고 싶어 한다는 걸 알았다. 이
사실을 늘 염두에 두는 사람은 틈만 나면 다른 사람을 아낌
없이 칭찬할 수밖에 없다.

인정받을 때 좋은 면이 더욱 강화된다

상대방의 무언가를 인정해 주는 건 곧 그것을 굳건하게
해 주는 것이나 다름없다. 인정(affirmation)이란 당신이 말로
표현하는 순간, 이를 듣는 이의 마음속에 그 내용이 진실로
서 굳건히 자리 잡는 행위다. 이는 상대방 안에 확신을 키
운다. 예를 들어, 상대방의 태도를 인정해 주면 그에게서 그
런 태도가 더욱 강화되어 꾸준하게 나타난다. 당신이 그 태
도를 알아주고 좋게 말해 주었기에 상대방이 그와 같은 태
도를 계속해서 보일 가능성이 더 커진다.

마찬가지로, 사람들의 꿈을 인정할 때 당신은 그들의 꿈이 의심으로 흐르지 않고 현실이 되도록 돕는 것이다. 마치 역기 운동을 반복하는 것처럼 사람들의 좋은 품성을 꾸준히 반복해서 인정해 주면 그 품성이 그들 속에 더 깊이 자리를 잡는다.

조지 매튜 애덤스(George Matthew Adams)는 이렇게 말했다. "우리 모두의 삶에는 저마다 최고의 순간들이 있으며, 그런 순간은 대개 누군가의 격려를 통해 찾아왔다. 제아무리 위대하고 유명하고 성공한 사람이든 남자든 여자든 다들 박수 받기를 갈구한다. 격려는 영혼의 산소다. 격려받지 못한 일꾼에게서는 훌륭한 일을 기대할 수 없다. 세상에 격려 없이 살아갈 수 있는 사람은 아무도 없다."

가장 효과적인 칭찬은 공개적인 칭찬

10억 달러짜리 군함과 310명의 해군 장병을 지휘했던 마이클 에브라소프는 특유의 리더십으로 인력 유지율을 28퍼센트에서 100퍼센트로 높이고, 운영비를 절감하며, 전투 준비 태세를 개선했다. 그러한 리더십의 비결은 무엇이었을까? 무엇보다도 그는 공개적인 칭찬을 가장 중시했다.

에브라소프는 이렇게 썼다. "함선 사령관은 연간 15개의 훈장을 수병들에게 수여할 권한이 있다. 부족하게 주는 것보다는 넘치게 주고 싶어 나는 그들에게 115개의 훈장을 수여했다." 수병이 다른 임무를 받아 함선을 떠날 때마다 에브라소프 함장은 훈장을 수여했다. "심지어 뛰어난 활약을 보이지 않았어도 매일 최선을 다한 수병에게는 그의 우정, 전우애, 노고를 얼마나 소중히 여기는지 간략히 설명하는 연설과 함께 공개적으로 훈장을 수여했다. ······ 때로는 떠나는 수병의 전우들이 그의 실수담을 나누면서 한바탕 웃곤 했다. 물론 업적도 기리며 다들 한마디씩 칭찬했다."

핵심은 에브라소프가 훈장을 받은 수병을 다른 사람들 앞에서 공개적으로 칭찬함으로써 그 수병의 기분을 좋게 해 주고 싶어 했다는 점이다.

"과장 없이 진정으로 하기만 하면 이런 상징적 제스처에는 단점이랄 게 없다." 에브라소프가 말했듯 그는 수병들이 스스로를 가치 있는 존재로 느끼게 만드는 법을 알았다. 그러니 그들이 리더인 그를 사랑함은 너무도 당연했다.[2]

다른 사람을 공개적으로 칭찬할 기회가 찾아온다면 그 기회를 절대 놓치지 말라. 즉석에서 칭찬할 수도 있지만, 상대방이 자신에게 얼마나 소중한지에 관해 미리 깊이 고민하고 어떻게 말할지 헤아릴 때 진정으로 큰 효과를 볼 수 있다. 나는 항상 그런 계획을 세운다. 그런 칭찬이 상대방에게 얼마나 큰 힘이 될지 잘 알기 때문이다. 때로는 그런 칭찬의 효과에 내가 놀라곤 한다.

30년 전, 찰리 웨즐이 나의 집필 파트너로 함께 일하게 되었다. 그가 누구보다 훌륭한 작가이자, 성실하게 일하는 사람이며, 솔선수범하는 사람임을 금방 알 수 있었다. 그를 고용하고 몇 달 후, 리더들의 특성을 다룬 "독수리들 찾기"라는 제목의 테이프 클럽(오늘날의 팟캐스트와 유사하다) 제작을 위해 직원들에게 강연을 하게 되었다. 나는 청중에게 찰리 웨즐이라고 하는 젊은 독수리 이야기를 들려주기로 했다. 그때까지만 해도 이 일이 웨즐에게 그토록 큰 의미가 될 줄 전혀 예상하지 못했다.

강연을 마치고 나서 나중에 그는 내게 이렇게 말했다.

강의를 마무리하시기 전에 저를 언급하실 줄 전혀 몰랐습니다. 제게는 너무나 큰 칭찬이라 눈물이 났어요. 저는 인정에 굶주려 있었습니다. 아무에게도 인정받지 못하고 있었거든요. 그래서 견디기가 힘들었습니다. 그전까지는 저 자신을 "독수리"로 생각해 본 적이 없었어요. 지금도 그 생각만 하면 가슴이 뜨거워집니다.[3]

웨즐은 이후 나와 함께 무려 42권의 책을 완성했다. 그뿐만 아니라 그는 70권 이상의 보조 자료를 만드는 데도 큰 역할을 했다. 그와 나눈 우정도, 함께한 협업도 더없이 생산적이고 보람찼다. 그는 내가 공개적으로 직접 말했기에 내가 그를 얼마나 가치 있게 여기는지를 잘 알고 있다.

*

부하 직원이나 동료, 고객, 배우자, 자녀, 친척, 친구, 이웃 등 당신 삶의 누군가가 당신에게 얼마나 소중한 존재인지 알려 주고 싶은가? 그렇다면 진심으로 그 사람을 칭찬해 주라. 기회가 생길 때마다 칭찬하고, 이왕이면 다른 사람 앞에서 공개적으로 칭찬하라.

당신이 상대방을 얼마나 가치 있게 여기는지를 표현하는 것만큼 새로운 관계에서 어색함을 빨리 깨뜨리거나 기존의 관계를 깊게 만드는 데 좋은 방법도 없다.

The CHARISMATIC LEADER

Part 2

사람들에게
투자하는 리더

다 같이 전진하게 하는 리더십의 동력

10. 지체하지 말고 도움의 손길을 내밀라

**"사랑하다"라는 동사 다음으로
세상에서 가장 아름다운 동사는 "돕다"이다.**

베르타 폰 주트너

Bertha von Suttner

내 친구 지그 지글러(Zig Ziglar)는 이런 말을 했다. "다른 사람이 원하는 것을 갖도록 충분히 돕기만 하면 당신이 인생에서 원하는 모든 것을 얻을 수 있다."[1] 지글러는 이 원칙의 산증인이다. 그는 수많은 사람을 도왔고, 그 덕에 큰 성공도 거두었다.

나도 사람들 돕는 걸 좋아한다. 나는 이것이 하나님이 우리를 이 땅에 두신 이유 중 하나라고 생각한다. 하지만 사람들을 도우면 그들만 좋은 게 아니다. 우리가 그 사람들을 얻는 데도 도움이 된다. 당신이 사람들을 적극적으로 도울 때마다 "당신은 내게 중요합니다"라고 말하는 것이기 때문이다. 그럴 때 그들은 우리를 평생 잊지 않게 된다.

사람들을 돕는
리더가 되려면

어떻게 하면 다른 이들을 돕는 사람이 될 수 있을까?

다른 사람 돕는 걸 우선순위에 둘 것

내 일에 너무 바쁜 나머지 다른 사람들을 돕는다는 건 꿈도 못 꿀 때가 많다. 그러면 어떻게 해야 할까? 사람들 돕는 것을 내 일의 '일부'로 여긴다면? 아니, 아예 우선 사항으로 삼는다면?

아카데미상 수상자 톰 행크스(Tom Hanks)가 영화 〈그린 마일〉(Green Mile) 촬영장에서 보여 준 행동에 관한 이야기를 읽은 적이 있다. 그의 행동은 그에게 다른 사람을 돕는 것이 최우선이었음을 보여 주었다. 프랭크 다라본트(Frank Darabont) 감독은 톰 행크스가 당시 떠오르는 배우였던 마이클 클라크 던칸(Michael Clarke Duncan)이 최고의 연기를 펼치도록 얼마나 헌신적으로 도왔는지 회상하며, 깊은 인상을 받았다고 말했다. 그는 이렇게 말했다.

지금으로부터 15년 혹은 20년 뒤에 영화 〈그린 마일〉을 떠올리며 나는 무슨 장면을 기억하게 될까? 다른 건 몰라도 이 장면만큼은 평생 잊지 못하리라. 이 영화를 찍을 때 카메라는 분명 마이클 던칸을 비추고 있었다. 그런데 나도 모르게 카메라 밖의 톰 행크스를 바라보게 되었다. 카메라 밖에서 행크스는 오로지 던칸을 위해 아카데미 남우주연상 후보에 오를 만한 훌륭한 연기를 보여 주고 있었다. 던칸이 최고의 연기를 펼칠 수 있도록 필요한 모든 것을 다 해 주었다. 그는 던칸이 정말 잘하기를 진심으로 바랐다. 던칸이 스크린에 정말 잘 나오기를 바랐다. 나는 그 광경을 평생 잊지 못할 것이다.[2]

톰 행크스는 다른 할리우드 배우들이 그러듯 최소한의 연기만 해 상대 배우인 던칸을 힘들게 할 수도 있었다. 하지만 행크스는 먼저 나서서 다른 사람을 도왔고, 그 노력은 마침내 좋은 결실을 맺었다. 1999년, 던칸은 그 영화로 아카데미 남우조연상 후보에 올랐고, 배우로서 그의 커리어는 날개를 달았다.

사람들에게 필요한 게 무엇인지 파악할 것

당연한 말처럼 들리지만, 사람들에게 무엇이 필요한지 모르면 그걸 해 줄 수 없다. 먼저, 주변 사람들에게 관심을 기울이면서 그들에게 필요한 것을 파악해야 한다. 마음으로 귀를 기울이면 이를 알아차릴 수 있다. 주변에서 일어나는 일에 관심을 기울이면 알 수 있다. 상대방 입장에서 생각하면 그 필요를 알 수 있다.

유대에 전해 내려오는 이야기 중에 밭과 방앗간을 공유하던 한 형제에 관한 이야기가 나온다(한국의 '의좋은 형제' 이야기와 유사하다-편집자). 매일 밤 형제는 낮에 함께 거둔 곡식을 나누었다. 한편, 동생은 혼자 살았고 형은 결혼해서 대가족을 거느렸다.

하루는 동생이 속으로 생각했다. '곡식을 똑같이 나누는 것은 공평하지 않아. 나는 내 한 몸만 건사하면 되지만 형은 형수와 조카들까지 먹여야 하잖아.' 그래서 매일 밤 동생은 몰래 자기 곡식의 일부를 형의 창고로 가져갔다.

결혼한 형은 형대로 동생의 처지를 헤아리며 속으로 생각했다. '곡식을 똑같이 나누는 것은 공평하지 않아. 나는 늙어서 봉양해 줄 자식이 있지만 동생 곁에는 아무도 없잖

아. 동생이 이대로 나이 들면 어쩌지?' 그래서 매일 밤 형은 몰래 자기 곡식의 일부를 동생의 창고로 가져갔다. 그리하여 두 형제 모두 매일 아침 희한하게 창고에 곡식이 도로 채워져 있는 걸 보게 되었다.

그러던 어느 날 밤, 곡식을 나르던 중 각자의 집 중간쯤에서 서로 만나게 되었다. 그리고 지금까지 일어났던 이 이상한 상황의 이유를 깨닫게 되었다. 형제는 서로를 부둥켜안고 뜨거운 눈물을 흘렸다. 이 전설에 따르면, 하나님이 둘의 만남을 보시고 이렇게 선포하셨다고 한다. "이곳은 거룩한 곳, 사랑의 장소다. 바로 이곳에 내 성전이 세워질 것이다." 최초의 성전은 바로 이곳에 지어졌다고 전해진다.[3]

때로 기꺼이 모험에 뛰어들 것

때로는 남을 돕는 것이 위험한 일이 될 수도 있지만, 그렇다고 해서 도움의 손길을 거두어서는 안 된다.

켄 서터필드(Ken Sutterfield)가 1936년, 독일 베를린 올림픽에서 있었던 이야기를 전해 주었다. 이 이야기는 위험을 무릅쓰고 남을 도왔을 때 어떤 놀라운 결과가 나타날 수 있는지 보여 준다.

미국 육상선수 제시 오언스(Jesse Owens)는 올림픽에 참가하기 직전 열린 한 육상대회에서 멀리뛰기 26피트 8.25인치(약 8.13미터)를 포함해 하루에 세계 신기록을 세 개나 세웠다. 이 기록은 무려 25년간 깨지지 않았다. 하지만 이토록 대단한 선수였던 오언스도 베를린 올림픽 기간 동안 극심한 압박감에 시달렸다. 아돌프 히틀러(Adolf Hitler)와 나치는 이 대회를 통해 아리아인의 우월성을 과시하려 했고, 흑인이었던 오언스는 자신을 향한 적대감을 느낄 수밖에 없었다.

결승 진출을 위한 경기에서 오언스는 푸른 눈과 금발을 가진 키 큰 독일 선수가 연습에서 26피트(약 7.92미터) 전후를 뛰는 모습을 보고는 심리적으로 크게 흔들리기 시작했다. 그러다 보니 오언스는 1차 시기에서 도약대 훨씬 앞에서 뛰어오르고 말았다. 2차 시기에서도 파울을 범했다. 이제 한 번의 시기밖에 남지 않았다. 이마저도 놓치면 탈락하게 되는 절체절명의 순간이었다.

그때 키 큰 그 독일 선수가 오언스에게 다가와 자신을 소개했다. 루츠 롱(Luz Long)이라는 이름의 그 선수는 나치의 시선이 집중된 가운데서도 오언스를 격려하며 몇 가지 조언을 건넸다. 결선 진출 기준 기록이 23피트 5.5인치(약 7.15미터)밖에 되지 않으니, 파울을 하지 않도록 도약대 몇 인치 앞에 발자국 표시를 해 두고 뛰는 게 좋겠다고 했다.

이 조언을 따른 오언은 3차 시기를 무사히 통과했다. 그리고 마침내 결승에서 올림픽 신기록을 세워 그가 딴 총 네 개의 금메달 중 하나를 그날 목에 걸었다. 그때 그를 가장 먼저 찾아와 축하해 준 사람이 누구였을까? 바로 루츠 롱이었다!

롱을 다시는 만나지 못했지만, 오언스는 롱이 자신에게 베푼 도움을 평생 간직했다. 오언스는 이렇게 썼다. "내가 가진 모든 메달과 우승컵을 다 녹여도 내가 루츠 롱에게서 느낀 24캐럿짜리 우정을 도금할 수 없을 것이다."[4]

어떤 상황에서도 끝까지 도울 것

한번은 뉴욕필하모닉협회(New York Philharmonic Society) 관계자들이 재정 후원을 받고자 자선가 앤드류 카네기(Andrew Carnegie)를 찾아왔다. 이 협회는 카네기가 가장 좋아하는 자선단체 중 하나였다. 카네기는 협회의 적자 전부를 메워 주려고 하다가 갑자기 멈추었다.

"분명 이 도시에는 도움을 줄 만한 부유한 음악 애호가가 또 있을 겁니다. 먼저 이 액수의 절반을 모금한 뒤에 제가 나머지 절반을 후원하면 어떨까요?"위대한 자선가는 그렇게 말했다.

이튿날, 협회 재무 담당자가 카네기를 다시 찾아와 3만 달러를 모금했다며 나머지 금액의 후원을 부탁했다. 카네기는 몹시 흡족해하며 즉시 나머지 액수를 건넸다. 그러고 나서 갑자기 궁금해졌다. "실례지만, 나머지 절반은 누가 기부했나요?"

"카네기 부인이 하셨습니다"라는 답이 돌아왔다.

때로는 사람들을 돕고 나서 보니 그들에게 필요한 게 예상보다 적을 수 있다. 그렇더라도 끝까지 베풀라. 넉넉하게 베풀어서 손해 볼 일은 없다. 이미 베푼 것을 아까워하지 말라.

*

낯선 사람을 도우면 그 사람의 마음을 얻을 수 있다. 이미 알고 지내는 사람을 도우면 그들이 당신을 더욱 소중하게 생각할 것이다. 당신에게 적대적인 사람을 도우면 그들이 당신에 대한 생각을 바꾸고 경계를 풀 것이다. 신속하게 돕는 것은 사람들과 좋은 관계를 맺는 효과적인 길이다.

11. 팀으로 초대해 협력하라

내가 받은 최고의 경의는
상대방이 내 생각을 묻고
내 답변에 귀를 기울여 준 것이다.

헨리 데이비드 소로
Henry David Thoreau

나 혼자서 모든 걸 할 수 없다는 한계를 깨달은 날, 나는 한 인간으로서도 리더로서도 큰 도약을 이루었다. 나는 어마어마한 비전과 수많은 아이디어, 에너지를 품고 있다. 하지만 비전이 나 자신보다 커지면 선택지는 두 가지밖에 없다. 비전을 포기하든가, 아니면 도움을 구하든가.

나는 후자를 택했다.

이러한 획기적인 깨달음을 얻은 것은 1974년이었다. 당시 나는 대형 건축 프로젝트를 앞두고 100만 달러가 넘는 큰 자금이 필요했다. 그때 처음으로 리더로서 내 능력으로는 감당하기 벅차다는 것을 뼈저리게 느꼈다. 위대한 성과를 이루려면 꿈을 '나'에서 '우리'로 확장해야 한다는 것을 비로소 깨달은 것이다.

골몰히 고민하다가 '내가 마음속에 그린 비전을 글로 생생하게 묘사하고, 다른 사람들에게 함께 참여하자고 초대하는 것은 어떨까?' 하는 아이디어가 번뜩 떠올랐다.

그렇게 일주일 동안 많은 시간과 노력을 들여 내놓은 결과물은 다음과 같았다.

역사를 보면 어느 시대에나 리더들이 시대의 필요에 부응하기 위해 나서야 할 시기가 있습니다. 따라서 인류의 발전을 위해 이바지할 기회를 얻지 못할 잠재적 리더는 아무도 없습니다. 그를 둘러싼 사람들도 똑같은 특권을 누립니다. 감사하게도 하나님께서 이 시대의 도전을 기꺼이 받아들일 사람들을 제 주위에 두셨다고 믿습니다.

제 꿈은 다음과 같이 하는 것입니다.

* 내가 이룰 수 있는 최고의 모습이 되기 위해 현재의 나 자신을 기꺼이 포기하는 것.
* 불가능한 일을 해낼 수 있도록 보이지 않는 것을 감지하는 것.
* 하나님의 자원을 신뢰하는 것. 내 꿈은 내 모든 능력과 인맥을 합친 것보다 크기에.
* 낙심할 때도 계속 나아가는 것. 미래에 대한 믿음이 없다면 현재에 대한 힘도 없기에.
* 승자들을 이끄는 것. 큰 꿈은 큰 인물을 끌어당기기에.

* 나의 사람들과 나 자신의 미래 모습을 보는 것. 우리의 꿈은 우리가 언젠가 될 존재에 대한 약속이기에.

그렇습니다. 저에게는 꿈이 있습니다. 이 꿈은 나의 어떤 재능보다도 위대합니다. 세상만큼이나 광대합니다. 하지만 이 꿈은 한 사람으로부터 시작됩니다. 저와 함께하시겠습니까?

— 존 맥스웰

나는 카드에 이 글을 아름답게 인쇄한 다음 사람들에게 이 건네며 도움을 요청했다. 그 결과, 수백 명의 사람이 찾아와 나와 한 팀이 되어 주었다. 그리고 우리는 함께 힘을 모아 이 비전을 이루었다.

다른 사람에게
도움을 요청하는 용기

얼마나 성공했든, 얼마나 대단하든, 얼마나 많은 것을 이루었든 상관없이 모든 사람은 다른 사람들을 필요로 한다. 이것이 우리가 사람들을 찾아가 그들의 도움이 없이는 성공할 수 없다는 것을 알려야 하는 이유다. 우드로 윌슨 전 대통령은 이런 말을 했다. "우리가 가진 뇌를 모조리 이용할 뿐 아니라 빌릴 수 있는 뇌도 전부 이용해야 한다."[1] 뇌만 아니라, 사람들의 손과 마음도 동원하라! 린든 존슨 (Lyndon Johnson) 전 대통령도 명언을 남겼다. "우리가 함께 풀 수 없는 문제는 없으며, 우리가 혼자 풀 수 있는 문제 역시 별로 없다."[2]

다른 사람에게 도움을 요청하는 것은 그들과 관계를 맺는 좋은 방법이다. 그 이유는 다음과 같다.

인간은 '필요한 존재'가 되고 싶어 한다

누군가에게 길을 물어본 적이 있는가? 대부분의 사람들이 하던 일을 멈추고 가능한 한 자세히 알려 줄 것이다. 심지어 길을 함께 건너거나 목적지까지 데려다줄 수도 있다. 또 많은 사람들이 길을 묻는 사람이 혹시라도 잊을까 봐 가야 할 방향을 여러 번 반복해서 알려 준다. 왜일까? 상대방이 모르는 것을 자신이 알고 있다는 사실에 기분이 좋아지기 때문이다.

사람들은 잠시라도 자신이 전문가라고 느끼고 싶어 한다. 다른 사람을 도와주고 나면 성취감을 느끼며 자존감이 높아진다. 다른 사람에게 필요한 존재가 되고 싶어 하는 것은 모든 인간의 보편적인 기본 욕구다.

우리는 다른 누군가가 필요하다

철강왕이자 자선가였던 앤드류 카네기는 이렇게 말했다. "혼자서 하는 것보다 다른 사람의 도움을 받을 때 자신의 일을 더 잘 해낼 수 있다는 것을 깨닫는 것은 큰 발전의 징표다." 안타깝게도 많은 사람이 이런 수준의 성숙이나 통찰을 얻지 못한다. 여전히 혼자서도 위대한 업적을 달성할 수 있다고 믿으려는 이들이 많다.

모든 개인의 운명은 많은 타인의 운명과 하나로 묶여 있다. 우리는 난파된 배의 구명보트 한쪽 끝에서 다른 사람들이 필사적으로 물을 퍼내는 동안, 다른 쪽 끝에 앉아 아무것도 하지 않으며 '다행히 내 쪽에는 구멍이 없군!'이라고 말하는 사람과 같아서는 안 된다. 우리 모두에게는 다른 사람들이 필요하며, 이 사실을 깨닫지 못하면 어려움에 처할 수밖에 없다.

인간은 자신이 '필요한 존재'임을 확인받고 싶어 한다

찰스 슐츠(Charles Schulz)는 만화 〈피너츠〉(Peanuts)에서 인간의 마음속 갈망을 자주 담아냈다. 그는 인간의 욕구를 진정으로 이해했다. 〈피너츠〉의 한 장면에서 루시는 찰리 브라운에게 숙제를 도와 달라고 부탁한다. "도와주면 영원히 고마워할게." 루시가 말하자 찰리는 이렇게 대답한다. "그래? 나한테 영원히 고마워하는 사람은 처음인데. 자, 농부가 남긴 사과 개수를 알려면 10에서 4를 빼면 돼."

"이게 전부야? 이렇게 쉬운 거였어? 이걸로 내가 영원히 고마워해야 한다고? 뭔가 손해 본 기분인데! 이건 너무 쉬워서 영원히 고맙다고 말할 수 없어!"

찰리는 실망한 표정을 지으며 대답한다. "음, 네 생각에 적당한 만큼만 고마워하렴."

"그럼 그냥 '고마워, 찰리'라고 하는 건 어때?" 루시가 대답한다.

찰리는 밖으로 나가면서 라이너스를 만나고, 라이너스는 이렇게 묻는다. "찰리, 어디 있다 오는 거야?"

"응, 루시의 숙제를 도와주고 오는 길이야."

"루시가 고마워해?"

"고마워하는 둥 마는 둥 하던데!"³

찰리 브라운 같은 기분을 느껴 본 적이 있는가? 당신만 그런 게 아니다. 모든 인간은 의미 있는 삶을 갈망한다. 우리 모두는 자신이 필요한 존재라는 것을 확인하고 싶어 하며, 다른 사람에게 하는 우리의 행동이 가치 있다는 걸 느끼고 싶어 한다.

인간은 자신의 기여를 확인받고 싶어 한다

누군가가 내게 우리 팀원들이 자신에게 얼마나 큰 도움이 되었는지 말해 줄 때마다, 나는 그 도움을 준 사람에게 직접 말해 주라고 권한다. 사람들은 자신이 누군가에게 진정으로 도움이 되었다는 걸 알고 싶어 하기 때문이다.

리더십 전문가인 워렌 베니스(Warren Bennis)는 이렇게 말했다. "좋은 리더들은 사람들이 스스로를 곁가지가 아닌 핵심이라고 느끼게 한다. 모든 사람은 자신이 조직의 성공에 중요한 역할을 하고 있다는 확신을 느끼고 싶어 한다. 그런 확신이 들 때 사람들은 자신이 중요한 사람이라고 느끼며, 그것이 그들이 하는 일에 의미를 부여한다."⁴

체이스맨해튼은행(Chase Manhattan Bank)의 총재였던 월터 쉬플리(Walter Shipley)는 이렇게 말했다. "우리 직원은 총 68,000명이다. 나는 '내가 회사를 운영하고 있다'고 말하지 않는다. …… 내 역할은 직원들이 각자의 능력을 뛰어넘어 서로 협력할 수 있는 환경을 만드는 것이다. …… 나는 우리 회사를 이만큼 성장시킨 리더십에 대한 공로를 인정받는다. 하지만 이 모든 것은 결국 우리 직원들이 이룬 것이다."[5]

성공한 리더들이 잘 아는 것을 쉬플리 역시 이해했다. 그것은 사람들이 조직의 목표 달성에 자신이 중요한 기여를 했다는 사실을 알기 원한다는 것이다.

*

다른 사람들을 소중하게 생각한다고 표현하는 건 결코 약함의 표시가 아니다. 사람들을 자신의 팀으로 초대하는 것은 오히려 자신감과 강함의 증거다. 자신의 부족함을 솔직하게 인정하고 도움을 요청하며, 혼자서는 해낼 수 없는 더 큰 목표를 위해 사람들을 팀으로 초대할 때, 모두에게 긍정적인 결과가 찾아온다.

12. 사람들의 꿈에 불을 지피라

당신의 꿈을 깔보는 사람들을 멀리하라.
그릇이 작은 이들은 늘 그런 식이며,
오히려 진정 큰 사람들은
당신도 크게 될 수 있다는 확신을 심어 준다.

마크 트웨인
Mark Twain

누군가가 자신의 꿈을 이야기하면 나는 그 꿈을 듣고 있
는 자체를 큰 특권으로 여긴다. 그 사람이 자신의 꿈을 내
게 이야기하는 건 큰 용기와 나에 대한 깊은 신뢰를 보여
주는 행위다. 그 순간, 나는 격려의 말로 그 사람의 꿈을 지
지하고 실현하도록 도울 수도 있고, 반대로 무심한 말로 좌
절시킬 수도 있는 막중한 힘이 내게 있음을 깨닫는다. 내
역할은 결코 가볍지 않다.

잘못된 말 한마디는 한 사람의 꿈을 짓밟을 수 있지만,
적절한 말은 그 사람이 더욱 열정적으로 꿈을 추구하게 만
들 수 있다.

꿈의 힘

누군가가 당신을 믿고서 자기 꿈을 밝히거든 마음을 다
해 잘 들어 주라. 혹 속으로 그 꿈의 실현 가능성에 의문이

들더라도, 섣불리 의심의 말이나 부정적인 말로 그들의 의지를 꺾지 않도록 주의해야 한다. 대신 그들을 격려하고, 그들의 꿈에 귀를 기울이며 마음으로 이해하려고 노력해야 한다.

꿈은 깨지기 쉽다

배우 캔디스 버겐(Candice Bergen)은 이런 말을 했다. "꿈은 원래 짧은 수명이라는 저주에 걸려 있다."[1]

그가 이런 말을 한 것은, 아마 다른 사람이 꿈을 좇는 것을 싫어하는 이들이 있기 때문일 것이다. 그런 사람들은 꿈에서 멀어진 채 현실에 안주하고 있기에, 누군가가 꿈을 향해 나아가는 모습을 보면 자신이 초라하다고 느낀다. 그래서 그들은 별을 향해 나아가는 사람들을 보면 어떻게든 끌어내리려 한다. 다른 사람들의 꿈을 꺾음으로써, 자신이 안일한 현실에 머무르는 것을 정당화하려는 것이다.

부디 당신은 다른 사람의 꿈을 꺾는 사람이 아닌, 그들의 꿈을 지지하고 격려하는 사람이 되기를 바란다.

꿈을 잃는 것, 인생 최대의 상실

꿈을 포기한 적이 있는가? 한때 밝게 빛나며 당신에게 에너지를 주었던 희망, 그 꿈을 포기하고 묻어 두었는가? 만일 그랬다면 당신은 어떻게 되었는가?

〈새터데이 리뷰〉(*Saturday Review*)의 편집자이자 UCLA의 정신의학과 외래교수였던 노먼 커즌스(Norman Cousins)는 "인생 최대의 상실은 죽음이 아니다. 가장 큰 상실은 살아 있는 동안 우리 안에서 무언가가 죽는 것이다"라고 말했다.

꿈은 우리를 살아 있게 한다. 벤저민 프랭클린(Benjamin Franklin)은 "대부분의 사람들은 스물다섯 살에 꿈꾸기를 멈추기 때문에 정신적으로 죽는다"라고 말했다.[2] 다른 사람들의 꿈이 계속 살아 있도록 도와주라. 그렇게 하는 게 그들이 살아 있도록 돕는 길이다. 다른 사람의 꿈을 격려하는 것은 그들의 영혼을 키우는 것이다.

꿈을 실제적으로 응원하라

누군가의 꿈은 그 사람 영혼의 핵심이므로, 우리는 사람들의 꿈이 현실이 되도록 최선을 다해야 한다. 이는 우리가 다른 사람에게 줄 수 있는 가장 값진 선물 중 하나다. 그렇다면 구체적으로 어떻게 해야 할까?

다음 여섯 단계를 따르라.

* 1단계. **꿈을 이야기해 달라고 말하라.** 누구나 꿈을 품고 있지만 그 꿈에 관해 물어봐 주는 사람을 만난 사람은 많지 않다.

* 2단계. **꿈은 물론이고 꿈을 좇는 그 사람을 인정해 주라.** 상대방 꿈이 귀하다고 말해 줄 뿐 아니라 상대방에게 그 꿈을 이룰 만한 자질이 있다고 인정해 주라.

* 3단계. **그 사람이 그 꿈을 이루기 위해 어떤 어려움을 극복해야 하는지 물어보라.** 다른 사람에게 어떤 꿈을 가지고 있는지 묻는 사람은 많지 않다. 하지만 그 꿈을 이루기 위해 어떤 종류의 장애물을 넘어야 하는지 묻고 함께 고민해 주는 사람은 훨씬 더 드물다.

* 4단계. **도움을 제공하라.** 아무도 가치 있는 꿈을 혼자서 이룰 수 없다. 꿈을 이루도록 돕겠다고 제안할 때, 사람들이 얼마나 큰 힘을 얻는지 놀라게 될 것이다.

* 5단계. **그 사람의 꿈에 꾸준히 관심을 가지라.** 사람들이 꿈을 이루도록 진정으로 돕고 싶다면 한 번 묻는 것에 그치지 말라. 상대방의 진행 상황을 자주 확인하고, 도울 수 있는 부분을 찾아 실행하라.

* 6단계. **꿈을 꺾는 사람이 아닌, 꿈을 격려하는 사람이 되어야 한다는 것을 매일 상기하라.** 모든 사람이 꿈을 품고 있으며, 다른 사람의 격려를 필요로 한다. 다른 사람의 꿈을 알아채고 그들을 돕기 위한 정신적 레이더를 항상 켜 두라.

다른 사람들이 꿈을 향해 나아가도록 격려함으로써 우리가 그들에게 얼마나 큰 긍정적인 영향을 줄 수 있는지 깨닫고 놀라게 될 것이다.

꿈을 이룰 기회를 제공하라

유명한 만화 《딜버트》(Dilbert)의 작가 스콧 애덤스(Scott Adams)가 자신이 만화가로서의 커리어를 본격적으로 시작하게 된 계기를 밝힌 적이 있다.

신문 연재 만화가가 되기 위해 여러 만화 편집자들에게 작품 포트폴리오를 보냈지만, 번번이 거절당했다. 심지어 한 편집자는 내게 그림 수업을 받으라고 권하기까지 했다. 그러던 중에 '유나이티드 미디어'(United Media)의 편집자이자 이 분야의 유능한 전문가인 새러 길레스피(Sarah Gillespie)가 전화를 걸어와 계약을 제안했다. 처음에는 믿지 않았다. 내 스타일을 바꿔야 하는지, 혹은 파트너를 구해야 하는지, 혹은 그림 실력을 더 키워야 하는지 물었다. 하지만 길레스피는 내가 미국 전역에 배포되는 신문의 연재 만화가가 되기에 이미 충분하다고 믿었다.

내게 보여 준 길레스피의 믿음은 내 관점을 완전히 바꾸어 놓았고, 내 능력에 대한 생각까지 변화시켰다. 이상하게 들릴 수도 있겠지만, 그녀와 통화를 마치자마자 전보다 그림을 더 잘 그릴 수 있게 되었다. 그녀와 대화한 이후로 내가 그린 만화의 질이 눈에 띄게 향상되었음을 분명히 알 수 있다.[3]

편집자 새러 길레스피는 애덤스에게 꿈을 이룰 기회를 주었다. 하지만 이미 수많은 좌절을 겪었던 그는 두려움 때문에 그 기회를 놓칠 뻔했다. 하지만 길레스피의 격려와 그녀가 준 기회 덕에《딜버트》는 이제 미국에서 누구나 아는 만화가 되었다.

*

　당신이 주변 사람들의 꿈을 격려하기 시작할 때 무슨 일이 일어날지 모른다. 삶의 마지막 순간에 주변 사람들에게서 '아무도 나를 믿어 주지 않았을 때, 당신만이 나를 믿어 준 덕분에 내가 성공할 수 있었습니다'라는 말을 듣는다면 얼마나 감동적이겠는가?

　지금부터 주변 사람들의 꿈을 격려하기 시작하라. 그렇게 할수록 더 많은 사람들이 당신에게 자신의 꿈을 이야기해 줄 것이다. 그리고 그들의 꿈이 결국 활짝 피어나는 멋진 광경을 목격할 기회가 더욱 많아질 것이다.

13. 사람들의 공을 제대로 인정해 주라

우리 각자가 자신의 가장 은밀한 욕구,
즉 자신의 모든 계획과 행동에 영감을 주는
그 욕구를 고백한다면,
그것은 바로 "나는 칭찬받고 싶다"일 것이다.

에밀 시오랑

E. M. Cioran

1979년, 처음 책을 쓸 때만 해도 내가 쓴 글이 베스트셀러가 되리라고는 꿈에도 생각하지 못했다. 그런데 1998년에 나온 《리더십 불변의 법칙》(*The 21 Laws of Leadership*)이 〈뉴욕 타임스〉(*New York Times*) 베스트셀러가 되었고, 5년 뒤인 2003년 7월, 이 책은 상상도 못한 또 다른 기록을 돌파했다. 무려 100만 부가 판매된 것이다.

책을 출간한 토머스넬슨(Thomas Nelson) 출판사는 이 성과를 축하하고 기념하고자 올랜도에서 약 120명의 출판사 식구들이 모이는 축하 파티를 열었다. 그날 밤, 그들은 내게 '21'이라는 숫자가 새겨진 순금 커프스 단추와 수정 독수리 트로피를 비롯한 아름다운 선물들을 주었다.

그날 밤 기념 행사에서 가장 감동적인 순간은 그 책이 세상에 나오기까지 도움을 준 모든 이에게 공개적으로 감사를 표할 수 있었던 시간이었다. 빅터 올리버(Victor Oliver)는 책의 핵심 아이디어를 처음 제시했고 제목을 정해 주었다. 단 레일랜드(Dan Reiland), 팀 엘모어(Tim Elmore), 찰리 웨즐은 책의 내용을 더욱 정교하게 다듬는 데 도움을 주었고, 특히 찰리는 집필 파트너로서 함께 작업했다. 토머스넬슨 출판사의 론 랜드(Ron Land)와 우리 회사의 한 팀은 협업하여 책 출간 기념 투어를 기획하고 진행했다. 출판사 대표인 마이크 하야트(Mike Hyatt)는 전국 서점에 책을 유통시킨 판매 및 마케팅 팀 전체를 이끌었다. 이 책의 성공은 전적으로 모두가 각자의 자리에서 최선을 다해 함께 이룬 결실이었다.

한 권의 책이 그 메시지를 필요로 하는 독자들의 손에 전달되기까지 언제나 수많은 사람들의 헌신적인 팀워크가 필요하다. 물론 모든 작가가 이 과정을 같은 방식으로 인식하는 것은 아니지만 말이다. 출판 과정에 참여한 모든 이들이 각자의 역할을 충실히 수행한다. 나는 그들이 이 모든 일을 함께 해냈다는 사실을 전해 주고 싶었다.

하지만 우리는 보통 우리를 도와준 사람들에게 충분히 감사 인사를 전할 기회를 잘 갖지 못한다.

다른 사람에게
공을 돌리는 법

다른 사람에게 공을 돌리는 건 어찌 보면 그들과 좋은 관계를 맺고 더 매력적인 리더가 되는 가장 쉬운 길 중 하나다. 부디 다음의 제안을 마음에 새기고 실행에 옮겨 보라.

자아 내려놓기

사람들이 다른 사람들에게 공을 돌리지 않는 가장 큰 이유는, 그렇게 하면 자신의 가치가 낮아지거나 손상될 거라고 생각하기 때문이다. 많은 리더들이 내면의 불안감 때문에 그것을 메우려는 듯 끊임없이 자아를 부풀린다. 하지만 당신의 자아를 내려놓지 않고서는 진정으로 겸손하고 진실된 리더가 될 수 없다.

"자기중심적인 사람은 자기에 대해 너무 많이 생각하는 사람이 아니라 다른 사람에 대해 너무 적게 생각하는 사람이다"라는 말이 있다. 다른 사람들에게 공을 돌리고 싶다면 당신 자신이 아니라 그들에게 초점을 맞춰야 한다.

스스로에게 물어보라. '그들에게 무엇이 필요할까? 그

들에게 공을 돌리면 그들은 어떤 기분이 들까? 그들에게 공
을 돌리는 것이 그들의 성과를 어떻게 향상시킬까? 그것이
어떻게 그들이 잠재력을 발휘하도록 동기를 부여할까?'

　그들의 공헌을 부각하면, 그들뿐만 아니라 당신 또한 분
명히 돋보일 것이다.

공을 돌릴 기회가 생기자마자 행동하기

　H. 로스 페롯(Ross Perot)은 "직원들 이마에 아직 땀방울
이 맺혀 있을 때 상을 주라"고 했다.[1] 다른 사람에게 공을 돌
리고 칭찬하기에 가장 좋은 순간은 그들의 수고와 희생이
아직 마음속에 생생할 때다. 왜 머뭇거리는가? 기다릴 이유
가 없다. 경영 전문가 켄 블랜차드(Ken Blanchard)는 사람들이
무언가를 잘하고 있는 순간을 잘 포착해야 한다고 했다. 그
말이 옳다! 실제로 다른 사람에게 칭찬을 빨리 해 줄수록
그 효과는 더욱 커진다.

　2003년, UCLA(캘리포니아대학교 로스앤젤레스) 전 농구 감독
존 우든(John Wooden)을 처음 만났을 때 그에게서 들은 내용
이다. 그는 득점한 선수들에게, 패스를 잘해 준 선수를 향해
미소를 짓거나 윙크를 하거나 고개를 끄덕일 것을 가르친

다고 했다. 어느 날, 그의 가르침을 듣고는 "그런데 상대방이 그걸 못 보면 어쩌죠?" 하고 묻는 선수에게 우든은 이렇게 답했다고 한다. "반드시 본다!"

기억하라. 모든 사람은 자신이 기여한 부분을 인정받고 싶어 한다.

공개적으로 공을 인정하기

앞서 다른 사람들의 가치를 공개적으로 표현해 주라는 말을 이미 했지만 다시 한번 강조하고 싶다. 그 사람의 동료나 사랑하고 소중히 여기는 이들 앞에서 그에게 공을 돌릴 때 칭찬의 효과는 몇 배로 커진다. 비공개적인 칭찬도 소중하지만, 공개적인 칭찬은 이와 비교할 수 없을 만큼 강력하다.

전 뉴욕 양키스(New York Yankees) 선수이자 감독 빌리 마틴(Billy Martin)은 이렇게 말했다. "한 팀원이 무언가를 잘했을 때 모두가 함께 모여 그의 등을 두드려 주는 것보다 더 위대한 것은 세상에 없다."[2] 많은 사람들 앞에서 당신의 팀원에게 공을 돌림으로써, 당신도 마틴이 설명한 것과 같은 환경을 만들 수 있다.

공을 글로 적어 치하하기

말로 사람들에게 공을 치하하면 그들을 잠시 고무시킬 수 있다. 하지만 시간을 들여 글로 남기면 평생 동안 그들에게 힘이 될 수 있다. 사람들은 자신의 업적을 기억하기 위해 벽에 기념 액자를 걸어 둔다. 또한 자신이 이룬 일에 대한 인정과 칭찬이 담긴 편지를 소중히 보관한다. 본능적으로, 모든 사람은 세상에 기여하고 싶어 하며, 때로는 격려가 필요하다.

내 사무실에는 내게 특별한 의미가 있는 편지와 메모를 모아 놓은 파일이 있다. 종종 그걸 꺼내 내가 존경하는 사람들이 써 준 글을 읽을 때마다 그 격려의 순간을 되새기게 된다. 에이브러햄 링컨(Abraham Lincoln) 대통령도 대통령으로서의 성과에 찬사를 받은 신문 기사를 오려서 호주머니에 넣고 다녔다고 한다. 미국 역사상 최고의 리더 중 한 명이었던 그조차, 스스로를 격려할 무언가를 필요로 했다.

기사 한 줄, 공개적인 게시물 하나, 개인적인 메모 한 장의 힘을 과소평가하지 말라. 우리가 겨우 몇 분이면 쓸 수 있는 글이 누군가에게는 오랜 세월 온갖 상황을 견뎌 낼 힘이 될 수 있다.

오래된 서양식 블랙 유머를 들려주겠다.

죽음을 목전에 둔 한 노인 곁을, 오랜 세월 함께해 온 아내가 지키고 있었다. 가까스로 눈을 뜬 노인이 아내에게 말했다. "아그네스, 당신이 또 내 곁에 있구려."

"그래요, 여보." 아내가 대답했다.

"되돌아보니 당신은 늘 내 곁에 있었구려. 내가 징집 통지서를 받고 전쟁터로 떠나야 했을 때도 당신은 거기 있었고, 우리 첫 집이 잿더미가 되었을 때도 함께였지. 차가 완전히 부서지는 사고가 났을 때도, 사업이 망해서 가진 돈을 전부 잃었을 때도 당신은 내 곁에 있었소."

"맞아요."

노인이 갑자기 한숨을 푹 내쉬었다.

"아그네스, 당신 정말 징크스였어."

속으로는 그렇게 믿지 않으면서 단지 상대방의 기분을 좋게 하기 위해 말하지는 말라. 진심이 아니면 사람들을 기분 좋게 만들 수 없다. 오히려 그들은 아첨을 듣고 있다고 느낄 것이다. 다른 사람의 공을 인정할 때는 우리 마음에서 우러나온 것이어야 한다.

*

팀원들은 무언가를 위해 함께 노력했을 때 언제나 누가 가장 큰 기여를 했는지 분명히 안다. 또한 그 사람의 공로를 인정해 줘야 옳다고 생각한다. 혼자 많은 공을 차지하는 리더는 팀원들의 신망을 잃지만 다른 사람들에게 스포트라이트를 비추는 겸손한 리더는 존경을 받는다. 사람들은 그런 리더를 위해 자신을 바쳐 함께 일하고 싶어 한다.

14. 사람들을 위해
특별한 순간을 연출하라

**추억은 보고(treasury)이며
모든 것의 수호자다.**

키케로

Cicero

ㄴ

함께 나눈 기억만큼 사람들을 끈끈하게 묶는 것도 드물다. 총알이 빗발치는 전장에서 함께 싸우는 전우, 함께 우승컵을 들어 올린 팀 동료, 함께 목표를 달성한 회사 팀은 웬만해서는 끊기지 않는 끈으로 묶이게 된다. 힘든 시기를 겪는 부부는 함께했던 과거의 좋은 추억들을 떠올리며 어려움을 이겨 낼 힘을 얻곤 한다. 또 캠핑 여행에서 함께 고생하거나 휴가 때 함께 모험하며 가족이 하나가 되고, 나중에 그 추억을 떠올리며 즐거워한다.

자연스럽게 생기는 추억도 있지만, 리더는 보다 많은 추억을 적극적으로 만들어 낼 수 있다. 작가인 루이스 캐럴 (Lewis Carroll)의 소설 속 대사 중에 이런 말이 있다. "그저 뒤만 돌아보는 기억은 보잘것없는 기억이지."[1] 가장 풍요로운 추억은 종종 우리가 계획하고 의도적으로 만들어 낸 것들이다.

사람들에게 추억을
만들어 주는 사람

나는 사람들에게 특별한 추억을 만들어 주기 위해 많은 노력을 기울여 왔다. 손주들과 함께 떠날 감동적인 여행을 계획하는 것부터, 기억에 남을 만한 저녁 식사 자리를 위해 좋은 질문을 준비하는 것, 그리고 내가 운영하는 리더십 재단 기부자들을 위해 평생 잊지 못할 행사를 마련하는 것까지 다양하다.

어쩌면 내가 이렇게 추억 만들기에 적극적인 이유는, 어릴 적 부모님이 우리 가족에게 만들어 주신 즐거운 추억들을 통해 큰 기쁨을 느꼈기 때문일 것이다. 내가 직접 해 보니 확실한 건, 누군가가 만들어 준 추억을 즐기는 것보다 누군가에게 추억을 만들어 주는 일이 훨씬 더 즐겁다. 누군가에게 멋진 추억을 만들어 주면 그 사람은 그 추억을 평생 간직할 것이다.

사람들에게 잊지 못할 추억을 만들어 주고 싶다면, 다음과 같은 방법을 실행에 옮겨 보라.

적극적인 행동 — 나서서 특별한 일을 만든다

추억은 저절로 생겨나지 않는다. 우리가 찾아 나서야 한다. 의도적인 노력을 기울일 때 더욱더 풍성한 추억을 만들 수 있다.

우리 부부와 친한 단·패티(Patti) 레일랜드 부부, 팀·팸 (Pam) 엘모어 부부 앞에서 "전차"(chariot)라는 단어를 언급하면 아마 그들 머릿속에 당장 어느 상쾌한 가을날의 뉴욕이 생각날 것이다. 우리는 지금도 그 일을 떠올리며 한바탕 웃곤 한다. 태번 온 더 그린(Tavern on the Green)에서 점심을 먹고 나서, 나는 페달을 밟는 운전수가 있는 '자전거 전차'(bicycle chariot; 자전거로 끄는 인력거, 페디캡이라고도 한다) 세 대를 빌려 각 커플이 맨해튼에서 메이시스백화점(Macy's)까지 경주를 하자고 제안했다. 경주는 내내 손에 땀을 쥐게 했고, 우리는 연신 즐거운 비명을 질러 댔다.

종종 그날을 회상하거나 그때 찍은 사진을 볼 때마다 우리는 여지없이 웃음을 터뜨린다. 확실한 건 우리가 그날 적극적으로 행동하지 않았다면 이런 추억을 갖지 못했을 것이다.

시간 확보 — 특별한 일을 만들기 위한 시간을 낸다

오랫동안 많은 부모들이 시간의 질이냐 양이냐라는 문제를 놓고 설전을 벌여 왔다. 아버지이자 할아버지로서 나는, 양질의 시간을 확보하기 위해서는 결국 충분한 시간의 양이 필요하다는 것을 깨달았다. 시간을 내지 않으면 결코 추억을 만들 수 없다.

당신도 가장 의미 있는 추억 대부분이 가장 많은 시간을 함께 보낸 사람들과 만든 것이었음을 느끼지 않았는가? 나는 그랬다. 가족과 추억을 만들고 싶다면 그들과 더 많은 시간을 보내라. 직원들과 추억을 만들고 싶다면 사무실에서 나와 그들과 함께 무언가를 하라. 함께할 시간을 내지 않고서는 사람들과 추억을 만들 수 없다.

계획 수립 — 특별한 일을 만들기 위해 준비한다

대부분의 사람들은 자신의 삶을 주도하지 못하고, 그저 주어진 대로 살아간다. 잊지 못할 경험이 저절로 생기기를 기다릴 뿐, 자신과 타인을 위한 추억을 직접 계획할 생각은

129

하지 않는다.

내가 계획했던 가장 멋진 추억거리 중 하나는 아내와 함께 계획한 결혼 25주년 이벤트다. 우리 부부는 그날 30명 가량의 절친들을 초대하기로 했다. 샌디에이고만(San Diego Bay)에서 요트 한 대를 빌려 30명 모두를 태웠다. 선상에서 맛있는 식사를 한 뒤, 깜짝 이벤트로 프랭키 밸런스(Frankie Valens)가 등장해 〈식스틴 캔들스〉(Sixteen Candles) 같은 그의 대표곡들을 불러 주며 모두에게 큰 즐거움을 선사했다.

하지만 그날 저녁의 가장 기억에 남는 순간은 아내와 내가 거기 모인 친구들 한 사람 한 사람이 우리 마음속에 왜 특별한 존재인지 고백하는 순서였다. 그 시간은 우리 부부뿐만 아니라 참석한 모든 이들에게 평생 잊지 못할 추억으로 남았다.

창의성 ─ 특별한 일을 만들기 위한 새로운 길을 찾는다

추억거리를 얻으리라 기대했던 이벤트에서 아무런 특별한 일도 일어나지 않는다면? 이럴 때 필요한 게 바로 창의력이다!

나는 오래전에 친구들과 함께 관람했던 홀리데이 볼

(Holiday Bowl; 샌디에이고에서 매년 열리는 유명한 대학 미식축구 경기) 이 야기를 들려 달라는 요청을 그동안 수없이 받았다. 간단히 말하자면, 그날따라 경기가 너무나 따분했다. 조금이라도 지루함을 달래고 싶어 나는 신문을 사서 내 구역의 관중석 모든 사람에게 돌렸다. 그런데 이 모습을 본 다른 관중이 이에 질세라 땅콩 100봉지를 사서 그 구역 모든 사람에게 나눠 주는 게 아닌가!

뜻밖에 우리 둘은 기립박수를 받았고, 곧 카메라 팀은 경기보다 우리에게 더 집중하기 시작했다. 점수를 비롯해서 경기에 대해서는 하나도 기억나는 게 없음에도 불구하고 평생 그날 밤을 잊지 못하리라. 그날 나와 함께 경기를 본 친구들도 마찬가지일 것이다.

공동의 경험 — 특별한 일을 함께 만들어 낸다

사랑하는 사람과 함께 경험할 때, 추억의 가치는 몇 배로 커진다. 오래전 우리 가족은 캐나다 재스퍼국립공원(Jasper Park)으로 휴가를 갔다. 그곳에서 나는 우리 아이들, 엘리자베스(Elizabeth)와 조엘(Joel)를 데리고 낚시를 했다. 통나무 오두막집 숙소로 돌아오는 길에 아내에게 전화를 걸

었더니, 아내가 고기를 좀 잡았느냐고 물었다.

"송어 여덟 마리요." 조엘은 아무렇지 않은 척 대답했지만, 나는 그가 자랑스러워한다는 걸 알 수 있었다. 숙소로 차를 몰고 가는 길에 아이들과 나는 얼음장 같은 강에서 막 건져 올린 송어로 저녁 식사를 해 먹으면 정말 근사하겠다며 잔뜩 들떠서 떠들었다. 그런데 도착해서 송어를 주방으로 가져갔더니, 조리대 위에 구울 준비를 마친 스테이크 네 덩이가 놓여 있는 게 아닌가!

조엘이 엄마에게 물었다. "이게 뭐예요? 송어를 여덟 마리나 잡았는데! 신나는 송어 파티를 기대했단 말이에요."

아내는 깔깔깔 웃기 시작했다. "난 또 네가 송어 '한 마리'라고 말한 줄 알고 바로 나가서 스테이크를 사 왔지 뭐니." 아내의 말에 나도 따라 웃고, 엘리자베스도 웃기 시작했다. 조엘은 눈을 반짝이며 말했다. "엄마는 숫자랑 좀 안 친하죠, 그렇죠?"

이 일은 우리 아이들이 열한 살과 열세 살 때 일이다. 그 뒤로 우리 가족이 야외에서 요리할 때마다 아이들은 송어 사건을 이야기했다. 심지어 둘 다 결혼해서 각자 아이를 낳은 지금도, 그들은 여전히 "우리 엄마는 숫자랑 좀 안 친하지"라는 말을 즐겨 한다. 그리고 그럴 때마다 우리 모두는 한바탕 웃음보를 터뜨린다.

기념물 — 특별한 순간의 증거를 남긴다

작가이자 연구 과학자인 존 맥크론(John McCrone)은 말했다. "오늘 당신이 하는 일은 몇 주만 지나도 거의 잊힐 것이다. 일기장과 사진 같은 인위적인 보조 도구가 없으면 …… 기억은 기하급수적으로 희미해진다."[2]

나는 어떤 형태로든 기념물을 간직하며 추억을 생생하게 유지하는 것을 좋아한다. 기념물은 나를 해당 사건이 일어났던 시간으로 곧장 데려다주기 때문이다. 당신에게도 이런 기념품이 있는가? 언제라도 볼 수 있게 책상 위에 사진이나 기념품을 두는가? 지갑에 사랑하는 이들의 사진을 가지고 다니는가? 당신과 다른 사람이 볼 수 있도록 잘 보이는 곳에 트로피나 상장, 상패 같은 걸 전시하고 있는가?

우리 모두는 자신이 아끼는 물건을 가지고 있다. 그것들이 물질적 가치가 있어서가 아니라, 우리가 가 본 장소나 소중한 사람들과 함께 했던 일들을 떠올리게 하기 때문이다. 사람들에게 추억을 만들어 줄 때는 그 추억을 떠올리게 해 주는 무언가도 함께 주라.

추억을 만드는 데 가장 중요한 부분은 바로 그 추억을 되새기는 것이다. 그래야 비로소 추억의 진정한 가치를 느낄 수 있다. 나는 다른 사람들과 여행할 때, 여정의 끝에서 각자 가장 좋았던 추억을 나눠 달라고 요청한다. 그러면 종종 깊이 있는 대화로 이어진다.

때로는 여행 직후 누군가에게 내가 가장 좋았던 추억을 담은 메모를 보낸다. 이는 우리를 더욱 끈끈하게 연결해 주고, 우리 모두에게 좋은 기분을 선사한다.

*

당신이 영향을 미치는 사람들과 리더인 당신 자신을 위해서 추억을 만드는 게 얼마나 중요한지는 아무리 강조해도 지나치지 않다. 자신이 이끄는 사람들을 이해하고 그들이 소중히 여기는 것이 무엇인지 아는 리더는 그들이 좋아할 만한 추억을 만들기 위해 기꺼이 시간과 돈을 들여 맞춤형 계획을 실현한다. 그렇게 그들은 자신이 이끄는 사람들의 마음속에 특별한 자리를 차지하게 된다.

배우자, 자녀, 친구, 직원, 동료들에게 추억을 만들어 준다면, 당신은 긍정적인 인상을 남기고 그들의 마음을 얻는 리더가 될 것이다.

15. 지식과 정보를 공유하라, 적재적소에 풍성하게

**친구에게 당신의 비밀을 숨기지 말라.
그렇지 않으면 그를 잃어도 할 말 없다.**

포르투갈 격언

시칠리아 속담에 이런 말이 있다. "냄비 안에서 저어지는 게 뭔지는 오직 숟가락만이 안다."

우리 안에 있는 계획이나 아이디어를 상대방에게 '살짝 보여 주면' 그 즉시 그 사람과 깊이 있는 관계를 맺을 수 있다. 자신이 아끼는 사람의 속마음을 알고 싶지 않은 이가 어디 있으랴. 또 리더에게서 팀이 어떤 중요한 일을 수행하려 하는지 듣고 싶지 않은 팀원이 어디 있으랴.

1996년, 우리 부부는 회사를 샌디에이고에서 애틀랜타 지역으로 옮기기로 했다. 당시 우리 회사의 컨설턴트들은 미국 방방곡곡을 다니며 고객들을 도왔다. 그런데 샌디에이고에 살다 보니 출장이 매우 어려웠다. 대다수 고객이 미시시피강 동쪽에 있었고, 컨설턴트들은 고객을 만나러 가는 데만 보통 하루를 꼬박 보냈다. 나 또한 강연자로서 전국을 누비며 다녔는데, 내 조수인 린다 에거스(Linda Eggers)가 지난해 내 출장 스케줄을 보고 이동에만 꼬박 30일을 보냈다고 추정했다. 이러한 이유들로 결국 우리는 회사를 항

공 교통의 중심지로 옮기기로 했다.

이전 계획을 공식 발표하기 전에, 나는 핵심 직원들을 개별적으로 만나 이전 소식을 알리고 함께 가자고 권유했다. 어떤 이들에게는 큰 결정이었다. 그중 한 명이 찰리 웨즐이었다. 나중에 그는 내가 함께 가자고 말해 줘서 정말 감동했다고 말했다.

불과 5분 정도의 짧은 대화였지만 선생님이 나눠 주신 이야기는 제 삶을 바꿔 놓았습니다. 저는 열심히 일했고, 벌써 함께 대여섯 권의 책을 썼습니다. 선생님은 항상 아낌없이 칭찬해 주셨죠. 하지만 선생님이 저를 이토록 중요하게 여기시는 줄은 미처 몰랐습니다. 이런 정보를 알려 주시는 것을 보고 선생님과 선생님의 비전에 제가 얼마나 중요한 사람인지를 깨달았고, 덕분에 저 자신을 보는 시각이 달라졌어요.[1]

이후에도 우리는 무려 30년간 함께 일해 왔고, 지금도 환상적인 파트너십을 이어 가고 있다.

중요한 비밀을
특별히 알려 주라

중대한 내용을 공유하면 사람들에게 깊은 인상을 남길 수 있다. 하지만 일상적인 일을 통해서도 얼마든지 정보를 공유할 수 있다. 특히 사람들은 비밀을 듣거나 내부 사정을 알게 되는 것을 좋아한다. 아직 아무에게도 말하지 않았던 사실을 특별히 어떤 사람에게만 말해 줄 경우, 그 사람은 자신이 특별하다고 느끼게 된다.

누군가와 정보를 공유하는 건 두 가지와 관련이 있다. 상황을 제대로 파악하는 것과 상대방을 지지하고 성장시키려는 마음이다. 이 두 가지를 염두에 둔다면, 이 기술을 배우고 사람들과 더욱 깊이 연결될 수 있다.

이를 실천할 때 다음 세 가지를 기억하라.

상대방의 성공에 중요한 정보를 공유하라

노련한 두 심해(深海) 낚시꾼이 처음으로 얼음낚시에 도전하기로 했다. 그들은 각자 얼음에 구멍을 뚫고 미끼를 꿴 바늘을 물속에 던진 뒤 기다렸다. 그런데 세 시간이 지나도록 아무것도 잡지 못했다. 그들이 앉아 있는데 한 소년이 다가와 둘 사이의 중간쯤에 얼음 구멍을 팠다. 그런데 소년이 바늘에 미끼를 끼워 물속에 던지는 족족 물고기가 올라오는 게 아닌가. 소년은 순식간에 열두 마리가 넘는 물고기를 잡았다. 지켜보던 두 낚시꾼은 깜짝 놀랐다.

그중 한 사람이 그 소년에게 다가가 물었다. "우리는 여기서 세 시간 넘게 한 마리도 못 잡았는데, 넌 단 몇 분 만에 벌써 열두 마리나 잡았구나. 비결이 뭐니?"

소년은 뭐라고 중얼거렸지만, 낚시꾼은 한마디도 알아들을 수 없었다. 그때 그는 소년의 왼쪽 뺨이 크게 부풀어 오른 것을 발견했다. "애야, 네가 하는 말을 알아들을 수 있게 입에 있는 껌 좀 뱉고 말해 줄 수 있겠니?"라고 낚시꾼이 물었다.

소년은 손으로 감싸 쥐고 그것을 뱉어내며 말했다. "이건 껌이 아니에요. 이게 제 비결이에요. 지렁이를 따뜻하게 유지해야 하거든요."

리더가 나눌 수 있는 가장 중요한 정보란 곧 팀원들이 성공하는 데 필요한 지식이다. 너무나 많은 리더들이 자신이 가진 정보가 얼마나 큰 도움이 될지 제대로 이해하지 못하거나, 지식을 쥐고 있어야 자신이 더 강하다고 느끼기 때문에 필요한 정보를 팀원들에게 알려 주지 않는다. 이런 함

정에 빠지지 말라. 다른 사람의 업무나 삶을 더 수월하게
만들 수 있는 모든 것을 공유하라.

상대방을 특별한 존재로 느끼게 해 주려는 목표로 공유하라

사람들에게 어떤 중요한 정보를 귀띔해 주는 일은 언제
나 상대방의 자긍심을 높여 준다. 누군가에게 비밀을 털어
놓는다면, 대개 그 사람과 유대감을 형성할 수 있다. 꼭 대
단한 비밀만 효과가 있는 게 아니다.

예를 들어, 나는 골프를 칠 때 프로 골퍼인 스콧 스지모
니악(Scott Szymoniak)이 알려 준 비결들을 적어 코팅한 카드
를 가지고 다닌다. 가끔, 골프를 같이 치던 친구가 경기가
잘 풀리지 않으면 나는 그를 따로 불러 이렇게 말했다. "내
골프 실력에 정말 큰 도움이 된 비밀을 하나 알려 줄게." 그
러고서 그 카드를 꺼내, 골퍼라면 반드시 알고 지켜야 할
여섯 가지 사항을 보여 준다. 그러면서 이건 내가 아무에게
나 공유하지 않는 개인적인 골프 비법이라고 덧붙인다.

당신이 어떤 중요한 소식을 가장 처음 듣는 사람이라는
걸 알게 되면 어떤 기분이 들까? 나라면 특별한 존재가 된
것만 같을 것이다. 이것이 바로 아내와 내가 하루를 마치

고 나서 또는 각자의 출장을 마쳤을 때 '우리 서로에게' 가장 먼저 새롭고 중요한 소식을 전하기 위해 그 전까지 웬만하면 아무에게도 말하지 않고 그 소식을 아껴 두는 이유다. 그런 정보를 남들에게 말하지 않고 속으로만 간직하는 게 내게는 쉽지 않은 일이나, 이것이 우리 부부 관계에 좋은 영향을 미치기에 저버릴 수 없는 중요한 부부 규칙이다. 이런 대화는 우리 부부가 매일 누리는 가장 소중한 시간이다.

당신의 여정에 동참시키기 위해 정보를 공유하라

다른 사람들과 정보를 나누는 것의 핵심은 그들을 참여시키는 행위라는 점이다. 이는 그들을 당신의 삶과 경험으로 초대하는 것이며, 당신의 성공에 동참시키는 것이다.

경영자들이 모인 자리에서든 인파로 꽉 찬 대형 경기장에서든 나는 청중에게 이야기할 때, 모든 사람이 공감하고 자신도 포함된다고 느낄 수 있도록 의도적으로 포괄적인 언어를 사용한다. 내 개인적인 인생 여정을 사람들에게 솔직히 털어놓는다. 그리고 내가 공개 석상에서 말한 적이 없는 사실을 밝힐 때는 이 점을 사람들에게 분명히 알린다. 그러면 내가 그들을 아끼고 돕고 싶다는 메시지가 더 효과적으로 전달된다.

*

당신은 사람들에게 정보를 얼마나 잘 공개하는 편인가? 대부분의 사람에게 정보를 자유롭게 나누는 열린 사람인가? 아니면 본래 정보를 혼자만 간직하는 경향이 있는가? 더 나은 리더이자 더 카리스마 있는 사람이 되고 싶다면 마음을 열어야 한다.

기꺼이 다른 사람들을 당신의 삶과 경험에 동참시키고 당신이 아는 것을 나눠야 한다. 이는 당신이 이끄는 사람들에게 힘을 실어 주고, 소속감을 느끼게 하며, 더 나은 성과를 내도록 영감을 줄 것이다.

16. 사람들의 삶에
긍정적인 말을 불어넣으라

사람을 겉으로 보이는 대로 대하면
그는 더 나빠질 것이다.
하지만 사람을 이미 잠재력을 이룬 것처럼 대하면
그는 마땅히 되어야 할 사람이 될 것이다.

괴테

Goethe

사람들에게 영감을 주고 스스로에 대해 좋은 감정을 느끼게 하는 가장 좋은 방법 중 하나는, 그들의 삶에 긍정적인 영향력을 불어넣는 말로 그들이 어떤 존재가 될 수 있는지 보여 주는 것이다.

오래전 뉴욕 양키스의 한 감독은 신인 선수들에게 이 팀에서 뛰는 것이 얼마나 큰 특권인지를 알려 주고 싶었다. 그 감독은 선수들에게 늘 이렇게 말하곤 했다. "뉴욕 양키스의 줄무늬 유니폼을 입는 것만으로도 엄청난 영광이야. 그 유니폼을 입었다면 세계 챔피언처럼 뛰어! 양키스답게, 자랑스럽게 경기하라고!"

누군가에게 지켜야 할 명성이나 기대를 안겨 주면, 그 사람의 삶에 긍정적인 영향을 주고, 그가 최고의 모습을 발휘하도록 격려하게 된다. 그들의 잠재력을 일깨워 줌으로써, 양키스 선수들처럼 "자랑스럽게 경기"하도록 도울 수 있다. 이것이 왜 중요할까? 사람들은 자신이 존경하는 사람이 "할 수 있다"고 말해 주면, 생각했던 것보다 훨씬 더 멀리

나아가기 때문이다.

'말'을 통해
사람을 키우라

누군가의 삶에 말을 통해 힘을 실어 주고 싶다면, 다음과 같이 시작해 보라.

말로 인정하기

우리가 사람들에게 품는 의견은 그들에게 깊은 영향을 미친다. 전 하버드경영대학원(Harvard Business School) 교수이자 스털링인스티튜트(Sterling Institute) 경영 컨설팅 회사의 설립자인 J. 스털링 리빙스턴(Sterling Livingston) 박사는 이렇게 말했다. "사람들은 당신이 그들을 인정하고 기대하는 대로 꾸준히 행동한다."[1]

상대방을 높이 평가하고 있음을 보여 주는 한 가지 방법은 그들에게 지켜야 할 훌륭한 평판을 부여하는 것이다. 그들이 될 수 있다고 믿는 모습 그대로 그들에 대해 말하라.

평판이란 많은 사람이 불명예를 만회하거나 기대에 부응하기 위해 평생을 바치는 대상이다. 그러니 그들을 끌어내리기보다는 일으켜 세워 주는 것이 어떤가? 사람은 누구나 그만한 가치와 잠재력을 지녔다. 눈을 크게 뜨고 찾아보면 누구에게서나 그와 같은 것을 발견할 수 있다.

행동으로도 인정하기

사람들에 대한 우리의 믿음을 행동으로 뒷받침할 때, 그들 스스로에 대한 의심이 사라지기 시작한다. 이제 막 운전면허를 딴 10대 아들에게 운전 실력이 좋다고 말로만 하는 것과, 실제로 그날 저녁 당신 차의 열쇠를 건네주는 것은 별개의 문제다. 마찬가지로, 새로운 매니저에게 기대감을 표현했고, 그가 그 기대에 부응하기를 바란다면 그에게 중요한 책임을 맡기라.

자신이 존경하는 사람이 인정한다고 말만 하지 않고 실제로 중요한 일을 맡기는 것만큼 사람들의 자신감을 끌어올려 주는 것도 없다. 그러면 기분이 좋아질 뿐 아니라 반드시 성공해서 인정에 보답하겠다는 열정이 치솟는다.

과거와 현재를 넘어, 미래에 대한 기대를 심어 주기

　오래된 부정적인 꼬리표는 사람의 성장과 발전을 가로막을 수 있다. 아마도 그래서 많은 문화권에 통과 의례를 거치는 사람에게 새로운 칭호나 이름을 주는 관습이 있는지도 모르겠다. 이는 그 사람의 과거를 보기보다는 미래의 가능성에 초점을 맞추려는 행위다.

　리더는 사람들의 과거보다 그들이 지닌 잠재력에 더 집중해야 한다. 그들이 어떤 사람이 될 수 있을지 보고, 그렇게 되도록 영감을 주는 말을 해 주라.

　호주 역사상 최고의 테니스 감독 중 한 사람이며 국제 테니스 명예의 전당에 오른 해리 호프먼(Harry Hopman)은 한때 호주 테니스 팀을 테니스 세계의 정상에 올려놓았다. 어떻게 그럴 수 있었을까? 그는 선수들의 잠재력을 인정하고 긍정적인 면을 강조하는 방식으로 코칭했다. 그는 느려 터진 선수에게 "로켓"이라는 별명을 붙였다. 힘도 체격도 별로인 한 선수는 "근육질"이라고 불렀다. 그리고 그것은 분명 그들에게 큰 힘이 되었다.

　"로켓" 로드 레이버(Rod Laver)와 "근육질" 켄 로즈웰(Ken Rosewall)은 결국 훗날 여러 차례 테니스 세계 챔피언 자리에

오르는 뛰어난 선수로 성장했다.

글을 써서 격려하기

프랑스의 저널리스트 에밀 드 지라르댕(Emile De Girardin)은 이렇게 말했다. "말의 힘은 실로 막대하다. 날아오는 적군을 멈추게 하고 패배를 승리로 바꾸며 제국을 구하는 데 '잘 선택한 말 한마디로 충분한' 경우가 많았다."

그 누구보다 나는 격려의 손 편지나 메모의 힘을 믿는 사람이다. 마음에서 우러나온 친절한 말은 언제나 상대방이 기쁘게 받아들인다. 내 친구 데이비드 제러마이어(David Jeremiah)는 그의 책 *The Power of Encouragement*(격려의 힘)에서 이렇게 말했다. "글로 쓴 격려는 아무런 방해와 제약 없이 마음에서 그대로 우러나온 것이다. 그래서 그토록 강력한 것이다."[2] 이 힘을 경험해 본 적이 있는가?

오랫동안 나는 사람들에게 개인적인 메모를 써서 주는 습관을 길렀다. 사실 메모를 써 주고도 시간이 흐르면 그 사실을 잊을 때가 많다. 그런데 나중에 종종 그 상대가 그 메모를 내게 보여 주며 얼마나 큰 힘이 되었는지 모른다고 고백하곤 한다. 그럴 때마다 글로 격려를 전하면 사람들이

149

계속해서 그걸 보며 힘을 얻을 수 있다는 사실을 새삼 느끼게 된다.

당신이 격려의 글을 써 준 사람이 힘든 순간에 그 글을 꺼내 읽고 다시 살아갈 힘을 얻게 될지 누가 아는가. 다음은 《영혼을 위한 닭고기 수프》(Chicken Soup for the Soul) 첫 번째 책에 나온 이야기다. 하루는 중학교 수학 시간에 학생들이 그날따라 유독 티격태격하자 교사였던 헬렌 므로슬라(Helen Mrosla)는 반 학생들에게 즉석에서 과제를 내 주었다. 서로의 좋은 점을 적게 한 것이다. 그리고 므로슬라는 아이들이 쓴 결과를 목록으로 정리해서 돌아오는 월요일에 나누어 주었다.

그러고 나서 오랜 세월이 흘렀다. 안타깝게도 그 학생 중 한 명인 마크(Mark)가 베트남 전쟁에서 전사했고, 그로 인해 므로슬라와 그 반이었던 동창생 몇 명이 장례식장에 모였다. 장례식이 끝나고 마크의 아버지는 "우리 아들 시신에서 이게 발견되었어요"라고 말하며 두 번 접어 테이프로 붙인 종이 한 장을 그들에게 보여 주었다. 바로 마크가 오래전 선생님에게서 받은 종이였다.

그때 이를 본 마크의 동창생 중 한 명인 찰리(Charlie)가 말했다. "제 목록은 지금도 제 책상 서랍에 있어요." 그러자 척(Chuck)의 아내가 말했다. "우리 남편은 결혼식 앨범에 끼워 놓았어요." 메릴린(Marilyn)도 한마디 했다. "저도 있어요. 전 일기장에 꽂아 놨어요." 그러자 비키(Vicky)가 호주머니를 뒤지더니 너덜너덜해진 종이 한 장을 꺼내 선생님과 동창들에게 보여 주었다. 그 학생들 모두가 그날 자신이 받았던 격려의 글을 이제껏 고이고이 간직했던 것이다. 이것이 바로 친절한 말 몇 마디가 지닌 힘이다.[3]

다른 사람의 삶에 힘이 되는 말을 불어넣는 것만큼 카리스마를 키워 주는 것도 없다. 영국 총리였던 윈스턴 처칠(Winston Churchill)의 삶을 보라. 제2차 세계 대전 당시 최악의 순간 처칠은 영국 국민을 향해 이렇게 외쳤다.

우리는 결코 꺾이거나 좌절하지 않을 것입니다. ……우리는 프랑스에서 싸울 것입니다. 바다와 대양에서 싸울 것입니다. 점점 더 강한 확신과 역량으로 공중에서 싸울 것입니다. 어떤 대가가 따르더라도 우리 섬을 지킬 것입니다. 우리는 해안에서 싸울 것입니다. [적군이] 상륙하는 땅에서 싸울 것입니다. 들판과 거리에서 싸울 것입니다. 언덕에서 싸울 것입니다. 우리는 절대 항복하지 않을 것입니다.[4]

처칠은 위풍당당한 외모를 지닌 사람이 아니었다. 오히

려 키가 작은 데다 뚱뚱했다. 그렇다고 목소리가 특별히 인상적이거나 위엄이 있던 것도 아니다. 표정은 너무 근엄했고 태도는 까다로웠다. 하지만 그는 카리스마를 발했고 사람들을 끌어당겼다. 다름이 아니라 국가의 존립이 위협받는 상황에서 그가 온 국민의 삶에 힘이 되는 말을 불어넣었기 때문이다. 그는 나치에 맞서 침착함을 유지하고 끝까지 버티라고 격려하고 촉구하며 동기를 부여했다. 국민은 그런 리더를 사랑했고, 결국 그의 기대에 부응했다.

*

사람들이 당신을 존경하고 따르기를 바란다면 그들의 삶에 힘이 되는 긍정적인 말을 불어넣어 잠재력을 끌어내라. 당신 자신을 위해서가 아니라 그들을 위해 그렇게 하라. 그러면 그 사람들은 용기를 얻어 스스로 생각지도 못했던 일을 이룰 뿐 아니라 자신을 격려해 준 당신에게 두고두고 고마워할 것이다.

17. 사람들을 위해 다리를 놓아 주라

은혜를 갚을 능력이 안 되는 사람에게
무언가를 해 주기 전까지는
오늘을 제대로 산 것이 아니다.

존 번연

John Bunyan

대사(ambassador)이자 시인이었던 헨리 반 다이크(Henry Van Dyke)는 "단순히 세상에서 높은 자리를 차지하는 것보다 더 고결한 야망이 있다. 그건 바로 몸을 숙여 인류를 조금 더 높이 들어 올려 주는 것이다"라고 말했다.[1] 아, 얼마나 훌륭한 생각인가!

나는 이 생각을 '사람들을 위해 다리를 놓아 주는 일'이라고 표현하고 싶다. 우리가 다리를 놓을 때, 사람들이 다른 방법으로는 결코 경험할 수 없을 곳을 가고 일을 할 수 있게 만든다.

다리를 놓는
리더가 되려면

다른 사람들이 스스로 할 수 없는 걸 해 주는 것은 사실 태도의 문제다. 나는 내가 받은 것은 그게 무엇이든 다른 이들과 나누어야 한다고 믿는다. 그러한 풍요로운 마음가짐을 품고 있기에 내 것이 바닥날까 봐 결코 걱정하는 법이 없다. 오히려 베풀면 베풀수록 더 많이 받는 것 같고, 그리하여 또다시 베풀 수 있게 된다.

스스로 얼마나 많이 가졌다고 생각하든 혹은 얼마나 적게 가졌다고 생각하든, 누구나 다리를 놓는 사람이 될 수 있다. 누구나 다른 사람들이 스스로 할 수 없는 무언가를 해 줄 수 있다. 물론 정확히 어떻게 해야 할지는 각자의 재능과 자원, 지나온 삶에 따라 달라지리라. 하지만 누구든지 다음 네 가지 방법으로 다리 놓기를 시작해 볼 수 있다.

원래는 만날 일 없는 이들을 서로에게 소개해 주라

내가 어릴 적에 아버지는 나를 위해 많은 걸 해 주셨는데, 그중에서도 내게 위대한 리더들을 소개해 주신 점이 내게 많은 영향을 주었다. 덕분에 10대 청소년 시절에 나는 노먼 빈센트 필(Norman Vincent Peale), E. 스탠리 존스(Stanley Jones) 같은 위대한 신앙의 거인들을 만났다. 내가 사역자가 되겠다고 선언했을 때 아버지는 이 위대한 설교자들에게 내게 손을 얹고 기도해 주십사 부탁하셨다. 이 일이 내게 얼마나 막대한 영향을 미쳤는지 말로 다 표현할 수 없을 정도다.

어느덧 세월이 흘러 이제는, 지난날 아버지가 나를 위해 해 주신 일을 내가 다른 누군가에게 해 줄 수 있는 위치에 있다. 나는 젊은이들을 내 영웅들에게 소개하는 걸 좋아한다. 비즈니스 리더들끼리 서로 연결시켜 줄 때면 그렇게 뿌듯할 수가 없다.

어떤 사람을 만났는데 그가 어떤 말을 하면 즉시 '이 사람을 아무개에게 소개해 주면 좋겠다'라는 생각이 퍼뜩 떠오를 때가 많다. 그럴 때는 소개시켜 주고 싶은 사람이 있는 장소로 그 사람을 곧바로 데려가거나 전화를 걸어 바꿔 주거나 차후 두 사람의 만남을 주선해 준다.

수년 전에 앤티앤스(Auntie Anne's)라는 프레즐 회사의 설립자인 앤 베일러(Anne Beiler)와 대화를 나누는데, 그녀가 지나가는 말로 칙필레(Chick-fil-A)의 트루엣 캐시(Truett Cathy)가 자신의 영웅 중 한 명이라고 고백했다. 캐시를 잘 알았던 나는 두 사람을 서로 소개시켜 주겠다고 말했다. 이후 나는 우리 집에서 저녁 식사 자리를 마련해 둘을 초대했다. 그날의 분위기는 더없이 훈훈했다.

오해하지 않기를 바란다. 사람들에게 유명 인사를 소개해 주라는 뜻이 절대 아니다. 단순히 한 친구를 다른 친구에게 소개해 줘도 좋고, 한 비즈니스 파트너를 다른 비즈니스 파트너에게 소개해 줘도 좋다. 어떤 식으로든 사람들을 서로 연결시켜 주면 된다. 사람들이 서로 관계를 맺도록 이어 주는 다리가 되라.

길을 열어 주라

신혼 초에 우리 부부는 찢어지게 가난했다. 대학을 졸업하자마자 나는 내 커리어를 좇느라 밤낮으로 동분서주했고, 아내 마거릿(Margaret)은 두 입을 책임지느라 무려 바깥일을 세 가지나 했다. 그 덕에 굶지는 않았지만 휴가 같은 여유를 누리는 건 사치였다.

그런데 감사하게도 내게는 우리 부부를 사랑하고 챙겨 주는 형이 있었다. 내 커리어의 처음 5-6년간 우리 부부가 간 휴가는 전부 래리(Larry) 형과 애니타(Anita) 형수가 초대해 준 것이었다.

그 뒤로도 한 10년간은 내 힘으로 새로운 곳에 가 지경을 넓힐 형편이 못 되었다. 내가 그런 기회를 얻은 것은 전부 누군가가 나를 초대해 준 덕분이었다. 누군가의 친절이 아니었다면 나는 스포츠 경기를 관람하지도, 골프를 치지도, 여러 교회를 방문하지도, 콘퍼런스에 참석하지도, 여러 나라를 다니지도 못했을 것이다. 나중에 우리 부부가 재정적으로 안정되었을 때는 다른 이들을 그들 스스로는 갈 수 없는 곳에 데려가는 것이 크나큰 기쁨이 되었다.

누군가에게 꿈도 꾸지 못할 경험을 선사할 능력이 있는가? 먼저 가족들부터 챙기라. 자녀를 스스로 갈 수 없는 곳에 데려가라. 이러한 경험이 자녀들에게 얼마나 좋은 영향을 미치는지 모른다. 여력이 닿는다면 지경을 넓혀 친구와 직원, 동료들까지 돕는다면 더할 나위 없다.

기회를 제공하라

강사 커리어 초기에 내가 지경을 넓히고 싶은 마음을 내비치자 많은 이가 나를 도와주었다. 그 덕분에 오롯이 내 힘만으로는 감히 넘볼 수 없는 무대에서 강연할 수 있었다. 나를 도와준 사람 중 한 명은 풀러신학교(Fuller Seminary)의 C. 피터 와그너(Peter Wagner) 교수다.

45년 전 와그너 교수는 미국 전역에서 사역하는 목사들이 모인 자리에서 리더십을 가르칠 강사로 나를 세웠다. 그때 처음으로 나는 전국적인 무대에 올랐다. 와그너가 내 부족한 인지도를 자신의 인지도로 뒷받침해 준 덕분이었다.

준비된 사람에게 기회보다 더 중요한 것이 없다. 왜일까? 기회는 우리의 잠재력을 이끌어 내기 때문이다. 고대 그리스의 위대한 웅변가 데모스테네스(Demosthenes)는 이런 말을 남겼다. "작은 기회가 큰 사업의 시작인 경우가 많다."[2] 기회를 잡는 자가 성공한다. 그리고 사람들이 기회를 잡도록 도와줌으로써 당신도 그들과 함께 성공할 것이다.

아이디어를 제공해 주라

아이디어가 왜 중요한가? 모든 제품은 아이디어에서 시작된다. 모든 서비스 역시 아이디어에서 시작된다. 모든 사업, 모든 책, 모든 발명 또한 아이디어에서 시작된다. 이렇듯 아이디어는 세상을 전진시키는 원동력이다. 따라서 사람들에게 아이디어를 알려 주는 것은 엄청난 선물을 주는 것이나 다름없다. 그야말로 그들이 더 나은 미래로 가도록 다리를 놓아 주는 것이다.

내가 글쓰기를 사랑하는 이유 중 하나는 글쓰기 과정에 있다. 글쓰기는 대개 내가 꼭 가르치고 싶은 한 가지 아이디어로 시작된다. 나는 종이에 그 아이디어를 적은 다음, 검

증된 아이디어들을 모아 뼈대에 살을 붙여 줄 창의적인 사람들을 모은다. 그때마다 내가 생각도 못 했던 놀라운 아이디어들을 얻게 되어 얼마나 감사한지 모른다.

내가 창의적인 사람들을 좋아하는 이유 중 하나는 그들이 아이디어를 사랑하고 항상 더 많은 아이디어를 가져온다는 데 있다. 그들이 아이디어를 나눠 줄수록 항상 그들 머릿속에 더 많은 아이디어가 떠오르는 것처럼 보인다. 창의적인 정신과 베푸는 마음은 서로 시너지 효과를 낸다. 이것이 내가 다른 사람들과 아이디어 나누는 것을 조금도 아까워하지 않는 이유 중 하나다.

아이디어를 공유하다 보면 다 나눌 시간이 없을 만큼 아이디어가 샘솟는다. 아이디어가 썩게 놔두느니 누군가의 성공을 위해 요긴하게 쓰도록 나눠 주는 편이 훨씬 낫다.

*

우리는 다리를 놓기는커녕 너 나 할 것 없이 담을 쌓는 세상에서 살고 있다. 사람들을 하나로 묶어 주기보다는 분열시키려고 다들 혈안이다. 다리를 놓는 리더가 되면 무리 가운데 진정으로 두각을 나타낸다. 우리가 스스로를 돕기보다 다른 이들을 돕는 데 더 관심이 있다는 걸 보여 주면 사람들의 이목이 쏠리기 마련이다. 이보다 더 사람을 끄는 요인도 없다.

The CHARISMATIC LEADER

Part 3

주목받는 매력적인 리더, 기꺼이 따르고 싶은 리더

날로 영향력이 넓어지는 리더십의 완성

18. 모든 일에 탁월함을 추구하는 리더

**나는 내 능력 안에서 최선을 다한다.
죽는 날까지 그렇게 할 작정이다.**

에이브러햄 링컨

나는 수년간 여러 단체의 특별 행사에 기조 연설자로 초청받았다. 이 일은 내가 정말 즐기는 일이다. 청중과 소통할 때면 에너지가 솟아난다. 즉흥적으로 연설하거나 이전에 다른 곳에서 했던 연설을 재활용하는 건 쉬운 일이다. 하지만 나는 그렇게 하지 않는다. 그렇게 해서는 청중에게 제대로 도움을 줄 수 없기 때문이다. 대신, 나는 시간을 들여 해당 단체를 조사한다. 그 단체가 정확히 어떤 행사를 계획하고 있으며, 또 그 행사를 통해 달성하려는 목표가 무엇인지 가능한 한 많은 것을 알아낸다.

군이 이렇게까지 할 필요가 없는데도 왜 이런 수고를 할까? 연설할 때마다 나에게는 한 가지 목표가 있기 때문이다. 나는 청중이 내 강연으로 많은 걸 배우고 영감을 얻기를 바랄 뿐 아니라, 강연이 끝난 뒤 나를 행사에 강사로 초청해 준 사람이 "기대 이상이었습니다!"라고 말하기를 바란다. 나는 그들이 기대한 것 이상을 해내고 싶다.

자신이 하는 일에 탁월한 사람들을 보면 존경심이 들고

끌리지 않는가? 그게 리더십이든, 그림이든, 요리든, 스포츠든, 목공이든, 조각이든, 노래든, 재무 관리든 상관없다. 자신의 재능을 최대한으로 갈고닦아 다른 사람들에게 유익을 주는 사람에게는 카리스마가 있다.

항상 최선을 다하기 위해
기억할 것

어쩌면 당신은 이미 매사에 최선을 다하는 마음가짐을 지니고 중요한 모든 일을 탁월하게 해내는 사람일 수 있다. 만일 그렇다면, 당신을 칭찬하고 그 대도를 계속 유지하라고 격려하고 싶다. 반대로 그렇지 않다면, 진심으로 당신을 돕고 싶다. 당신의 성장을 위해 다음 네 가지 사실을 곰곰이 생각해 보고 마음에 새기기를 바란다.

모든 날은 최선을 다할 가치가 있다

"내 잠재력은 하나님이 내게 주신 선물이다. 그 잠재력으로 하는 일은 내가 하나님께 드리는 선물이다." 30년도 더 전에 외웠던 이 구절은 이후 내 삶의 방식을 바꾸어 놓았다. 나는 하나님과 다른 사람들, 나 자신 앞에서 내가 받은 모든 은사와 재능, 자원, 기회를 최대한 활용할 책임이 있다고 믿는다. 만약 내가 최선을 다하지 않는다면 그 책임을 소홀히 하는 셈이다.

UCLA 전 농구 감독 존 우든은 자신의 성장에 많은 노력을 기울였고, 자신이 하는 모든 일에서 탁월함을 추구하는 사람으로 유명했다. 그는 스스로 이렇게 살았을 뿐만 아니라, 선수들에게도 이런 태도를 불러일으켰다. 그가 했던 유명한 말이 있다. "매일매일을 당신의 걸작으로 만들라."[1] 우리 모두에게 훌륭한 목표다. 매사에 최선을 다하면 우리의 삶이 특별해지고, 주변 사람에게까지 좋은 영향을 미치게 된다.

모든 사람이 중요한 존재다

우리는 대개 사랑하고 존경하는 사람들에게 최선을 다한다. 학창 시절을 돌이켜 보면, 좋아하는 선생님이 있었던 반면에 별로 마음에 들지 않는 선생님도 있었다. 나는 좋아하는 선생님과 관련된 수업이라면 뭐든 최선을 다했고, 그렇지 않은 선생님 과목에서는 좋은 성적을 받기 위해 딱 필요한 만큼만 했다. 이렇게 상대방을 가려 가며 노력한 태도가 사람들과의 관계뿐 아니라 나의 성공 가능성까지 해친다는 사실을 나중에서야 깨달았다.

그러고 나서 한 가지 해법을 발견했는데, 바로 내가 좋아하는 사람만 중요하게 여기지 말고 '모든 사람'을 중요하게 여기는 것이다. 이렇게 인식하면 상대방이 누구든 상관없이 항상 최선을 다하게 된다. 이렇게 태도가 먼저 바뀌니 뒤따라 행동이 바뀌었다.

모든 사람은 가치가 있으며, 존중받아 마땅하다. 이 사실을 늘 기억하면 사람들을 합당하게 대하고 그들에게 최선을 다할 수 있다.

탁월하게 행하면 평범한 것도 특별해진다

삶의 대부분의 순간은 우리가 특별하게 대할 때만 특별해진다. 평범한 날이 평범하게 느껴지는 건 우리가 그날을 특별하게 만들려고 노력하지 않아서다.

경험을 특별하게 만드는 가장 좋은 방법은 최선을 다하는 것이다. 최선을 다하면 평범한 대화도 특별해진다. 비범한 노력을 기울이면 평범한 관계도 특별하게 바뀐다. 창의력을 더하면 평범한 행사도 특별해진다. 당신이 최선을 다하면, 모든 일이 더 의미 있어진다.

지금 당신은 어떤 평범한 일을 탁월하게 해내어 특별하게 만들 수 있을까? 아이들을 등하교시키는 시간을 그들에게 특별하게 만들어 줄 수 있을까? 꼭 해야 하는 지루한 팀 회의를 참석자 모두에게 가치 있는 경험으로 바꿀 수 있을까? 멘토를 위해 의미 있는 질문들을 준비해서, 함께하는 그 시간이 두 사람 모두에게 인생을 변화시키는 경험이 되게 할 수 있을까?

창의력을 발휘해 이런 일들을 특별하게 만들면, 당신이 영향을 준 사람들은 이를 오랫동안 기억할 것이다.

탁월하게 해내면 특별한 사람이 된다

평소 활동을 하면서, 당신이 만나는 사람들 중 맡은 일을 최고 수준으로 해내는 사람은 얼마나 되는가? 예를 들어, 식당에 가면 종업원이 탁월한 서비스를 제공하는 경우가 얼마나 되는가? 열 번 중 한 번? 스무 번 중 한 번? 음식은 어떤가? 솔직히, 많은 사람이 평범한 수준에 만족한다.

그들은 그저 필요한 만큼만 할 뿐, 그 이상은 하지 않는다.

하지만 식당 종업원, 은행 창구 직원, 목수, 세탁소 직원, 고객 서비스 담당자 등 자신의 분야에서 탁월함을 보이는 이들은 정말 특별하게 눈에 띈다. 당신도 하는 일, 특히 리더십에서 그와 같은 탁월함의 높은 기준을 유지한다면, 당신 역시 돋보일 것이다.

*

드와이트 아이젠하워(Dwight Eisenhower) 전 대통령에 대한 흥미로운 일화가 있다. 한번은 그가 내셔널 프레스 클럽(National Press Club; 미국 워싱턴 D.C.에 있는 국내외 저널리스트들이 모이는 클럽)에서, 훌륭한 웅변가가 되기 위한 더 나은 정치적 배경이나 소양을 가지지 못했던 점을 후회한다고 말했다. 그는 그 분야에서의 자신의 부족한 웅변술이 캔자스에서 어린 시절, 한 나이 든 농부가 소를 팔러 나왔던 일을 떠올리게 한다고 말했다. 구매자가 소의 혈통, 유지방 생산량, 월간 우유 생산량에 대해 묻자 농부는 이렇게 말했다. "혈통이 뭔지도 모르고, 유지방 생산량도 모르지만, 이 소는 좋은 소라오. 자신이 가진 모든 우유를 줄 거요."

그렇다. 이것이 우리 모두가 할 수 있는 전부다. 즉, 우리가 가진 모든 것을 쏟아붓는 것이다. 그것만으로 언제나 충분하며, 그런 리더는 언제나 매력적이다.

19. 후히 베푸는 리더

인생이 끊임없이 던지는 가장 긴급하고 중요한 질문은
"당신은 다른 사람을 위해 무엇을 하고 있는가?"다.

마틴 루터 킹 주니어

리더가 가질 수 있는 가장 매력적인 자질 중 하나는 '후함'이다. 누군가에게 아무런 조건 없이 베풀 때, 그것은 상대방을 정말 특별하게 만든다.

철학자이자 가톨릭 신학자 피에르 테야르 드 샤르댕(Pierre Teilhard de Chardin)은 이렇게 말했다. "인생에서 가장 큰 만족을 주는 일은 자신의 많은 부분을 다른 이에게 내주는 것이다."

누군가를 이타적으로 도와 본 사람이라면 이 말에 고개를 끄덕일 것이다. 하지만 모든 사람이 다른 이에게 지속적으로 베푸는 마음가짐을 가질 수 있는 건 아니다. 왜 그럴까? 무엇보다도 나는 그것이 환경과는 전혀 무관하다고 생각한다. 가진 것이 거의 없음에도 기꺼이 나누는 후한 사람들을 많이 만났기 때문이다. 반대로, 시간이나 돈, 재능을 나누는 데 인색한 부자들도 만났다. 결국 태도의 문제다.

후함은 태도의 문제이고, 태도는 선택의 문제이므로, 누구나 원한다면 후한 사람이 될 수 있다. 당신도 후한 리더가 될 수 있으며, 이것은 당신이 이끄는 모든 사람에게 이로울 뿐만 아니라, 리더로서 당신을 더욱 매력적으로 만들 것이다. 아무런 조건 없이 진정으로 베푸는 사람에게 끌리지 않을 이가 어디 있겠는가?

나는 후함이 대부분 세 가지 특성으로 귀결된다는 것을 알았다. 당신도 부디 이런 삶의 태도를 갖추기를 권한다.

풍요의 사고방식

아무런 조건 없이 습관적으로 베푸는 사람들은 대부분 풍요의 사고방식을 지녔다. 그들이 후히 베푸는 것은 그렇게 해도 자원이 고갈되지 않을 것이라 믿기 때문이다. 가톨릭 사제이자 대학 교수였던 헨리 나우웬(Henri Nouwen)은 이렇게 말했다. "우리가 결핍의 사고방식으로 베푸는 것을 멈추면, 가진 것이 더 적어질 것이다. 하지만 풍요의 사고방식으로 아낌없이 베풀면, 우리가 내어 준 것이 몇 배로 많아질 것이다."

직접 경험하고 관찰한 결과, 정말로 그렇다. 한번은 누군가가 내게 왜 풍요의 사고방식을 가져야 하느냐고 물었고, 내 대답에 그는 깜짝 놀랐다. 나는 그에게 풍요를 믿으면 삶이 당신에게 풍요를 주고, 당신이 결핍을 믿으면 결핍을 얻게 된다고 말했다. 그 이유는 모르겠다. 다만 이것이 내가 60년간 사람들의 태도를 살피고 그들의 삶이 어떻게 펼쳐지는지 지켜본 끝에 내린 결론이다.

그러니 더 후해지기를 바란다면, 풍요에 대한 우리의 생각과 태도를 바꿔야 한다. 그렇게 할 때 더 후해질 수 있을 뿐만 아니라, 우리 삶도 달라질 것이다.

취하는 사람(taker)이 아니라 창출하는 사람(maker)

당신은 어디에 초점을 맞추는가? 어떤 마음가짐으로 매일을 시작하는가? 나는 사람들이 매일 아침 두 가지 의도 중 하나를 가지고 세상으로 나선다는 사실을 관찰했다. 취하는 것과 창출하는 것. 이 둘 사이에는 큰 차이가 있다.

취하는 이들은 자신의 필요를 충족하기 위해 가능한 모든 것을 취하고, 움켜쥐고, 소비하는 사람들이다. 이들은 남보다 우위를 점하려고 한다. 가장 유리한 거래를 얻기 위해 다른 사람을 짓밟는다. 돌려줄 생각 없이 취하기만 한다. 최악의 경우는 다른 사람을 속이거나 훔치기까지 한다. 이들은 삶을 생존 경쟁으로 본다. 물론 이것의 가장 큰 문제는 설령 이긴다 해도 결국 그 경쟁에서 벗어나지 못하고 하찮은 존재에 머물 뿐이라는 것이다.

반면에 창출하는 이들은 베풀고, 창조하고, 일을 이루어 내는 사람들이다. 이들은 다른 사람에게 가치를 더해 줄 방법을 찾는다. 공정한 거래를 좋아하지만, 먼저 주기를 원한다. 이들의 초점은 다른 사람에게 있으며, 그들이 먼저 공정한 대우를 받는지 확인하는 데 있다. 이들은 팀, 동료, 그리고 조직 전체의 발전을 이루는 데 집중한다. 이들은 다른 사람의 성공을 바라고 키워 주며, 모두를 위해 더 많은 것을 창출하기를 원한다.

당신은 어떤 사람인가? 창출하는 사람인가, 아니면 취하는 사람인가? 하루를 시작할 때 당신이 뿌릴 씨앗에 집중하는가, 아니면 그저 거둘 수확만을 생각하는가? 후한 사람이 되려면 씨앗을 뿌리는 데 집중하라. 때가 되면 수확을 거둘 것이고, 당신이 이끄는 사람들은 당신과 함께 일하기를 기뻐할 것이다.

전체를 보는 넓은 시야

다른 사람에게 베푸는 이들은 대개 자신이 지금까지 받은 도움을 기억한다. 그들은 자신이 이전 세대의 어깨 위에서 있음을 인지한다. 그들이 이룬 발전은 적어도 부분적으로는 그들보다 앞서간 이들의 노력과 희생 덕분이라는 걸 알기 때문에, 다음 세대를 위해 자신들이 받은 것을 해 주려 한다.

오래전 윌 앨런 드롬굴(Will Allen Dromgoole)의 〈다리를 놓는 사람〉(The Bridge Builder)이라는 시를 접했다. 리더가 자신을 따르는 이들을 위해 세상을 더 나은 곳으로 만들고자 하는 열망을 아름답게 보여 주기에, 나는 이 시를 좋아했다.

한 노인이 외진 큰길을 가다가
춥고 어두한 저녁에
깊고도 넓은 협곡에 이르렀다.
협곡 아래는 강물이 느리게 흐르고 있었다.
노인은 어두한 황혼에 그 강을 건넜다.
노인은 묵묵히 흐르는 그 강을 전혀 두려워하지 않았다.
그런데 강 반대편에 무사히 도착한 노인은

몸을 돌려 강 위를 가로지르는 다리를 놓았다.

"할아버지!" 옆을 지나던 다른 나그네가 말했다.
"왜 여기에 다리를 놓느라 힘을 낭비하시나요?
할아버지의 여정은 오늘 하루로 끝날 텐데,
다시는 이 길을 지나가시지 않을 거잖아요.
깊고 넓은 이 협곡을 이미 다 건넜는데
왜 굳이 이 밤에 강 위로 다리를 놓으십니까?"

백발의 [다리] 건설자는 고개를 들고 말했다.
"좋은 친구여, 내가 지나온 이 길에는
오늘 나를 뒤따라오는 젊은이가 있네.
그 젊은이는 이 길을 지나가야만 한다네.
내게 아무것도 아니었던 이 협곡이
그 금발의 젊은이에게는 위험한 구덩이가 될 수도 있네.
그 친구도 어둑한 황혼에 이 강을 건너야 할 것이네.
좋은 친구여, 나는 그 친구를 위해
이 다리를 놓고 있는 걸세!"[1]

　더 잘 베푸는 사람이 되려면 더 넓은 시야를 가져야 한다. 우리가 다른 사람의 친절로 얼마나 많은 혜택을 받았는지 깨달으면, 후해지기가 훨씬 쉬워진다.

*

후한 사람이 되는 것의 가장 좋은 점 중 하나는 그것이 매우 보람 있다는 것이다. 대학교 총장이자 교육 개혁가인 호레이스 만(Horace Mann)은 이렇게 말했다. "우리는 의도적으로 친절하고 너그러워져야 한다. 그렇지 않으면 존재의 가장 좋은 부분을 놓치게 된다. 자기 자신에게서 벗어날수록 마음은 넓어지고 기쁨으로 가득 찬다. 이것이 내적 삶의 큰 비밀이다. 다른 이들을 위해 무언가를 할 때 우리는 우리 자신에게 가장 큰 이득을 주는 것이다."[2]

20. 마음을 사로잡는 스토리텔링으로 소통하는 리더

**우주는 원자가 아니라
이야기로 구성되어 있다.**

뮤리얼 루카이저
Muriel Rukeyser

나는 에이브러햄 링컨 대통령을 무척 존경한다. 그는 실로 위대한 리더였다! 그 시대의 엘리트들이 링컨이 '이야기'를 너무 많이 한다고 비난했다는 기록을 본 적이 있다. 그들은 링컨을 세련되지 못하다고 생각했다. 하지만 링컨은 사람들과의 유대감을 형성하고 그들의 마음을 움직이는 힘을 알았기에 그런 비판에 개의치 않았다.

링컨은 이렇게 말했다. "사람들이 내가 이야기를 너무 많이 한다고 말한다. 나도 인정한다. 하지만 오랜 경험을 통해 나는 평범한 사람들은 추상적인 설명보다는 구체적인 비유나 예시를 통해 훨씬 쉽게 이해한다는 것을 깨달았다. 그러니 지나치게 비판적인 소수의 사람들이 어떻게 생각하든, 나는 신경 쓰지 않는다."[1]

여느 사람들처럼 나 역시 좋은 이야기와 훌륭한 스토리텔러(storyteller; 이야기꾼)를 매우 높이 평가한다. 나는 그들을 연구했고 그들에게서 많은 걸 배웠다. 1999년 가을, 아내와 나는 몇몇 친구와 함께 테네시주 존스보로(Jonesborough)

라는 작은 마을에서 열리는 전국 스토리텔링 축제(National Storytelling Festival)에 참석했다. 매년 열리는 이 축제에서 국내 최고의 스토리텔러들의 이야기를 듣기 위해 전국 각지에서 7,000명이 넘는 사람들이 상당한 비용을 들여 그곳에 모였다. 이들은 담요나 접이식 의자에 몇 시간씩 앉아, 때로는 비를 맞으면서도 축제를 즐겼다.

며칠 내내 이어진 축제 기간 동안 우리는 스토리텔러 여럿이 나와 청중을 사로잡는 모습을 차례로 지켜보았다. 슬픈 이야기, 행복한 이야기, 재미있는 이야기, 감상적인 이야기, 역사적인 이야기, 지어낸 이야기, 신비스러운 이야기 등등 참으로 각양각색이었다. 어떤 이야기는 훌륭한 메시지를 담고 있었고, 어떤 이야기는 단순히 재미만 주었다. 하지만 모든 이야기와 스토리텔러에게는 한 가지 공통점이 있었다. 바로 듣는 이들을 사로잡는 힘이었다.

축제가 끝날 무렵, 친구들과 나는 이 스토리텔러들의 스토리텔링(storytelling)이 왜 그토록 효과적이었는지 논의했다. 우리는 "그들은 어떤 특성을 지니고 있기에 청중을 그토록 강하게 사로잡을 수 있었을까?"라는 주제로 열띠게 토론했고, 다음은 그 결과를 정리한 목록이다.

* **열정**   그들은 자신이 하는 일을 즐겼고, 기쁨과 활기로

자신을 표현했다.

* **생동감** 그들의 발표는 활기찬 움직임, 얼굴 표정, 제스처로 두드러졌다.

* **청중의 참여** 거의 모든 스토리텔러가 '노래를 부르거나 문장을 따라하거나 박수를 치거나 수화를 하게 하는 식으로' 청중을 참여시켰다.

* **즉흥성** 그들은 청중에 맞게 커뮤니케이션 방식을 조절했다.

* **암송** 그들은 원고 없이 이야기를 들려주었다. 그래서 더 자유롭게 청중과 눈을 마주칠 수 있었다.

* **유머** 거의 모든 스토리텔러가 진지한 이야기, 슬픈 이야기 가리지 않고 적절한 때에 유머를 가미했다.

* **창의성** 그들은 고전적인 주제를 전달하면서도, 신선한 관점에서 그것들을 풀어 냈다.

* **개인적** 대부분의 스토리텔러가 이야기를 더 생생하게 전달하기 위해 일인칭 화법을 사용했다.

* **훈훈함** 그들의 이야기는 듣기만 해도 사람들을 기분 좋게 만들었다.

좋은 이야기를
전하는 법

스토리텔링은 리더에게 참으로 중요한 도구다. 이는 연습으로 갈고 다듬어야 하는 기술이며, 누구나 이 기술을 계발할 수 있다. 스토리텔링 경험이 별로 없거나 이 기술을 더 다듬고 싶은 이들을 위해 몇 가지 팁을 소개한다.

내 경험을 들려주기

우리가 가장 잘 전할 수 있는 이야기는 사실 직접 겪은 이야기다. 우리는 그런 이야기를 소중히 여기고, 세세한 내용까지 자세히 알고 있으며, 그 사건이 우리에게 미친 영향을 피부로 느낀다. 그리고 더욱이 자기 이야기이기에 원하는 대로 마음껏 살을 붙이고 다듬을 수 있다. 누구에게나 사람들이 관심을 가질 만한 경험을 가지고 있다.

당신에게 일어난 극적인 사건이나 충격적인 사건 혹은 훈훈하거나 재밌었던 순간들을 떠올려 보라. 이야기의 중심에 있는 긴장감 넘치는 순간은 무엇이었는가? 그것을 시작하기 위해 무엇을 말해야 하는가? 핵심적인 부분이나 결

말은 무엇인가? 이야기 전체가 그 부분으로 향하도록 만들어야 한다.

이런 아이디어들을 충분히 생각한 다음에는, 이야기를 어떻게 들려줄지 구체적으로 계획하기 시작하라. 최고의 이야기들은 불필요한 것은 모두 덜어내고, 이야기에 필요한 모든 것을 멋과 감동을 담아 전달한다.

이야기를 어떻게 전할지 결정했다면 누군가를 상대로 연습해 보라. 상대방의 반응을 유심히 관찰하라. 그 사람이 언제 가장 몰입하는가? 이야기의 어느 대목에서 그 사람이 집중력을 잃기 시작하는가? 그 사람이 당신이 예상한 대로 핵심적인 부분에 반응하는가? 필요한 부분을 조정한 뒤에 다시 들려주라. 원하는 결과가 나올 때까지 여러 사람에게 연습하면서 계속해서 다듬으라. 훌륭한 스토리텔러가 되는 길은 서툰 스토리텔러에서 시작해 계속해서 개선해 나가는 것이다.

사람들과의 연결을 목표로

최악의 스토리텔러는 자신의 이야기 솜씨를 과시하기 위해 이야기를 하는 사람이다. 당신이 그런 사람이라면 당장 목표를 바꾸라. 환호를 이끌어 내는 게 쉽지는 않다. 대신, 사람들과 연결되려는 목적으로 이야기를 전하라. 듣는 사람에게 초점을 맞추면 당신의 스토리텔링 기술이 하룻밤 사이에도 몰라보게 좋아질 것이다.

마음을 담은 이야기

사람들은 유머를 좋아하지만 모든 사람이 재미있는 이야기를 잘 전할 수 있는 건 아니다. 할 수 있다면 유머러스한 이야기를 해도 좋다. 하지만 마음을 담은 이야기의 힘을 과소평가하지 말라.《영혼을 위한 닭고기 수프》시리즈의 판매 부수가 그 증거다. 대부분의 사람이 정서적으로 연결되는 이야기를 전할 수 있다.

상대방과 연결되기를 원한다면 마음을 담은 따스한 이야기를 전하라. 그리고 자신의 이야기에 스스로 몰입된 모습을 상대방에게 보이는 걸 창피해하지 말라.

상대방이 내 이야기를 듣기 원한다고 생각할 것

초보 스토리텔러가 저지르는 가장 큰 실수 중 하나는 쭈뼛거리는 것이다. 소심한 태도만큼 이야기를 김빠지게 만드는 것도 없다. 이야기를 전할 때는 담대하게 전하라. 열정적으로 활기차게 하라.

길든 짧든, 실화든 허구든, 개인적인 이야기든 거대한 이야기든, 얼마든지 다 좋은 이야기가 될 수 있다. 나는 마음이나 희망, 유머, 유익한 요소 중 하나를 담은 짧은 이야기를 사람들에게 즐겨 들려준다. 또한 내가 겪었던 흥미진진한 모험담 들려주는 것도 좋아한다. 예약도 안 한 채 가족들을 데리고 골프의 성지인 스코틀랜드 올드 코스(Old Course)로 무작정 출발했던 에피소드, 조카 에릭(Eric)을 격려해서 리틀리그에서 첫 안타를 치고 득점하도록 도운 에피소드 등등.

화가 벤저민 웨스트(Benjamin West)는 유년 시절 이야기를 자주 들려주곤 했다. 어머니가 외출하면 웨스트는 유화물감을 꺼내 그림을 그리곤 했다. 하루는 물감이며 붓과 도화지, 여타 그림 도구를 잔뜩 꺼내다가 주변이 난장판이 되었다. 그러다 불현듯 어머니가 곧 돌아올 시간임을 깨닫고 필사적으로 방을 치웠지만 결국 다 치우지 못했다. 마침내 어머니가 방문을 열고 들어왔고, 그는 혼쭐이 날 각오를 단단히 했다.

하지만 어머니의 반응은 전혀 뜻밖이었다. 아들의 그림을 들고 유심히 보던 어머니가 이렇게 말하는 게 아닌가. "세상에, 네 누이를 정말 아름답게 그렸네." 그러고 나서 어머니는 아들의 볼에 뽀뽀를 하고 방을 나갔다. 웨스트는 그날 어머니의 그 뽀뽀가 자신을 화가로 만들었노라고 고백했다.[2]

*

사람들과 소통하고 그들을 돕고 영감을 주기 위해 우리는 어떤 이야기를 할 수 있을까? 스토리텔링 실력이 향상될수록 사람들과 효과적으로 소통하고 그들을 이끌기가 한결 수월해진다. 이야기를 통해 비전을 제시하고, 어색한 분위기를 풀고, 기술을 전수하고, 사람들을 단합시키며, 조직을 성장시킬 수 있다. 뛰어난 스토리텔러들은 사람들과 쉽게 공감대를 형성하고, 매력적이며, 카리스마가 넘친다.

뛰어난 스토리텔러가 되기 위해 노력하라.

21. 다른 사람들의 성공을
함께 이루어 가는 리더

**팀 동료들의 플레이를 얼마나 잘 도와주었는지가
내가 경기를 얼마나 잘 했는지를 판단하는
가장 중요한 기준이다.**

빌 러셀 *Bill Russell*

〔NBA 역대 최다 우승 선수〕

사람들과 친밀한 관계를 맺고 호감을 얻는 가장 좋은 방법은 무엇일까? 바로 그들이 성공하도록 돕는 것이다. 누구나 승리하기를 바라며, 자신의 성공을 돕는 사람에게 감사하는 마음을 갖는다.

이전 장에서 나는, 종종 사람들에게 내 조카 에릭이 리틀리그에서 첫 안타를 치고 득점하도록 도왔던 이야기를 들려준다고 언급했다. 에릭이 무시무시한 투수를 맞아 얼어붙은 나머지 방망이 한 번 제대로 휘둘러 보지 못하고 세 번 연속 삼진을 당했던 이야기를 상세히 설명하자면 꼬박 10분쯤 걸린다.

낙담한 에릭은 풀이 죽어 타석에서 걸어 나왔다. 나는 그런 에릭에게 다가가 그냥 방망이만 휘두르면 끝이라고 격려하며 설명했다. 세 번째 타석에서 에릭은 내가 말한 대로 방망이를 휘둘렀고 운 좋게 안타를 쳤다. 나는 조카와 함께 모든 베이스를 돌아 홈으로 슬라이딩했다.

사실, 내가 이야기를 조금 각색했다. 하지만 에릭이 정말 안타를 쳤고, 내가 계속해서 뛰라고 소리쳤으며, 에릭이 득점했다는 것은 틀림없는 사실이다. 여기서 끝이 아니다. 그날 에릭은 야구와 사랑에 빠져 이후로도 계속 야구를 했다. 그리고 고등학교를 졸업하고서 나를 찾아와 그 첫 경기를 추억하며 야구 장학금을 받고 대학교에 진학하게 되었다는 기쁜 소식을 전했다. 그날의 일은 작은 일이었지만 조카는 그 공을 내게 돌렸고, 나는 깊은 감동을 받았다.

다른 사람의 성공을
돕고 싶다면

다른 사람이 성공하도록 도와줄 때만큼 기분 좋을 때도 없다. 나는 승리하기 싫어하는 사람을 단 한 번도 본 적이 없다. 그리고 내가 아는 사람들 중에서 다른 사람의 성공을 위해 노력한 사람들은 하나같이 그것이 인생에서 가장 보람 있는 일이었다고 고백했다.

시인 랄프 왈도 에머슨(Ralph Waldo Emerson)은 이렇게 말했다. "진심으로 다른 사람을 도우려고 노력하는 사람은 자신 또한 도움을 받게 되는 것이 인생의 가장 아름다운 보상 중 하나다."[1]

사람들이 성공하도록 도와주고 싶은가? 다음 내용을 기억하라.

사람들을 믿어 주라

사람들이 성공하도록 도와주려면 일단 이들이 성공할 수 있다고 믿어야 한다. 한번은 리더십 콘퍼런스가 끝난 후 한 남자가 나를 찾아와 날카로운 질문을 던졌다. "팀원들이 엄청난 결과를 거두게 하려면 어떻게 해야 할까요?" 그때 나는 이렇게 답했다. "팀원들에게 엄청나게 큰 기대를 품어보세요."

만일 사람들을 믿지 않는다면 그들이 성공하도록 돕기 위해 최선을 다하지 않을 가능성이 높다. 사람들은 상대방이 자신을 믿고 있지 않다는 걸 정확히 알아챈다. 그들은 꾸며낸 행동이나 진심 없는 아첨을 꿰뚫어 본다. 하지만 우리가 그들을 진정으로 믿는다는 것을 알게 되면 그때 마법과도 같은 일이 벌어지기 시작한다.

작가 존 스폴딩(John Spalding)의 말이 옳다. "누군가가 우리의 능력을 믿어 주면 단순히 힘이 솟는 정도가 아니라 더쉽게 성공할 수 있는 환경이 조성된다."

사람들에게 희망을 주라

제2차 세계 대전 당시 영국을 이끌던 윈스턴 처칠 총리에게 한 기자가 영국이 히틀러의 나치 체제에 맞서 휘두를 수 있는 가장 강력한 무기가 무엇이냐고 물었다. 그러자 처칠은 망설임 없이 대답했다. "언제나 그래왔듯, 영국의 가장 강력한 무기는 희망입니다."

"희망"은 세상에서 가장 강력하고 활력을 주는 단어 중 하나다. 희망은 가장 혹독한 시기에 꿋꿋이 나아갈 힘을 준다. 그리고 그 힘은 미래를 설렘과 기대로 바라보게 해 준다. 사람은 음식 없이는 40일을, 물 없이는 4일을, 공기 없이는 4분을 버틸 수 있지만 희망이 없으면 단 4초도 버티지 못한다는 말이 있다.

사람들이 성공하도록 돕고 싶은가? 희망을 주는 사람이 되라.

결과만 아니라, 승리에 이르는 과정도 중요하다

너무 이기고 싶은 나머지 승리까지 가는 과정을 망각한

이들이 많다. 그들은 할아버지와 체스를 두는 꼬마와도 같다. 꼬마는 체스에서 지자 심술을 부린다. "이제 안 해! 할아버지가 늘 이기잖아요!"

그러자 노인은 이렇게 말한다. "그럼 이 할아버지가 어떻게 해 줄까? 일부러 져 줄까? 하지만 그렇게 하면 네 실력이 하나도 늘지 않아."

하지만 꼬마는 막무가내다. "아무것도 배우고 싶지 않아요. 그냥 이기고 싶다고요!"

우리 마음도 이와 같을 때가 얼마나 많던가. 하지만 내심 우리는 진실을 알고 있다. 대부분의 큰 성공이 쉽게 얻을 수 없는 것임을, 뼈를 깎는 노력 없이는 성공도 없다는 것을 말이다. 그러니 우리는 사람들이 마침내 승리를 얻을 때까지 변함없이 그 곁을 지키며 격려하고 도와야 한다. 이는 단순히 단 한 번의 성공을 위해 돕기 위함이 아니다. 앞으로도 계속해서 성공하는 방법을 가르쳐 주기 위함이다.

이에 관한 옛 가르침도 있다. 사람이 하루 동안 배를 채우게 해 주려면 생선을 주라. 하지만 사람이 평생 먹고살게 해 주려면 물고기 잡는 법을 가르쳐 주라. 한 번의 성공을 얻는 것보다 더 달콤한 것은 계속해서 성공할 능력을 얻는 것이다.

다른 사람이 성공하도록 도우면 나도 성공한다

1984년, 루 휘태커(Lou Whittaker)는 최초의 전원 미국인 에베레스트 등반 팀을 이끌었다. 몇 달간의 지독한 고생 끝에 다섯 명이 해발 27,000피트(약 8,230미터) 지점의 최종 캠프에 도착했다. 정상까지 2,000피트(약 610미터)를 남겨 두고, 그들은 붐비는 텐트 안에 모였다.

여기서 휘태커는 리더로서 힘든 결정을 내려야만 했다. 그는 팀의 다섯 명 모두가 지구상에서 가장 높은 지점에 오르기를 간절히 원한다는 걸 알았다. 하지만 그중 두 명의 대원은 이전 캠프로 돌아가 식량과 물, 산소를 챙긴 다음, 현재 캠프로 다시 와야 했다. 이 지원 임무를 마치면, 이 두 명의 대원은 정상 등반을 시도할 수 없을 게 분명했다. 나머지 대원들은 그날 텐트에서 물을 마시고 산소를 마시며 휴식을 취하면서, 다음 날 정상 등반을 준비할 예정이었다.

휘태커가 내린 첫 번째 결정은 자신이 지금의 최종 캠프에 머물면서 팀의 활동을 진두지휘하는 것이었다. 다음 결정은 가장 강한 두 명의 대원을 산 아래로 내려보내 보급품을 가져오게 하는 것이었다. 이것은 더 힘든 일이었다. 상대적으로 약한 두 명의 대원은 쉬면서 힘을 비축한 뒤, 에베레스트 등정의 영광을 누리게 될 것이었다.

왜 직접 정상을 밟지 않았느냐는 질문에 휘태커는 사람들을 깊이 이해하는 강력한 리더십을 보여 주는 답변을 내놓았다. "제 일은 다른 대원들을 정상까지 이끄는 겁니다."

휘태커는 팀 전체가 목표를 이루도록 돕는 게 옳은 결정이며 그렇게 할 때 모두가 이긴다는 사실을 정확히 알았다. 다른 사람을 성공으로 이끌면 우리 또한 성공할 수밖에 없다.

강력한 리더십 기술,
반드시 옳은 의도로만 쓸 것

자, 지금까지 사람들과 소통하고 관계를 맺는 기술, 즉 사람들을 얻는 21가지 기술을 살펴보았다. 부디 이 기술을 배우고 연마해 그 효과를 맛보기를 바란다. 사람들에게 관심을 기울이고, 그들에게 투자하며, 그들에게 주목을 받게 되면 리더로서의 당신의 영향력과 효율성이 크게 향상될 것이다.

무엇보다 이 기술을 옳은 의도로 쓸 것을 간곡히 부탁한다. 사람들을 교묘하게 조종해 당신의 뜻을 이루고자 이 기술들을 사용해서는 절대 안 된다. 자신을 실제보다 좋게 포장하거나 성공의 사다리에 오르는 걸 목표로 삼았다면 애초에 출발점이 잘못됐다.

오직 다른 사람들의 유익을 위해, 관련된 모든 사람이 윈윈하는 결과를 위해서만 이 기술들을 활용하라. 언제나 사람들을 돕고 그들을 더 잘 이끄는 것을 목표로 삼는다면 어느새 사람들이 따르고 싶어 하는 카리스마 넘치는 리더가 되어 있을 것이다.

주

들어가며.

1. Mrs. C. B. Klein, "Entrance Exam," *The Reader's Digest*, Volume 74 (1959), 54, https://archive.org/details/dli.bengal.10689.12240/page/n517/mode/2up?q=entrance.

Part 1.

1. 나보다 다른 사람에게 초점을 맞춘다면

1. John C. Maxwell, *Winning with People* (Nashville: Thomas Nelson, 2004), 59.

2. Zig Zigler, "Everyone's Definition of Success," Creators Syndicate, 2022년 6월 15일, https://www.creators.com/read/classic-zig-ziglar/06/22/everyones-definition-of-success-b0a94.

2. 사람들의 선의와 가능성을 믿어 준다면

1. Sal Marino, "Teams Are the Best Way to Highlight Stars," IndustryWeek Straight Talk, 2004년 12월 21일, https://www.industryweek.com/talent/article/21946936/straight-talk.

2. 요한복음 8장 9절.

3. John G. Bennett, *The Crisis of Human Affairs* (London: Hodder and Stoughton, 1948).

4. David Augsburger, *Caring Enough to Forgive* (Raleigh, NC: Regal Books, 1981), 98.

5. Martin Luther King Jr., *Strength to Love* (Boston: Beacon Press, 1981), 33.

3. 사람을 소중히 여기고, 가치를 더해 준다면

1. Leslie T. Giblin, *How to Have Confidence and Power in Dealing with People* (Hoboken, NJ: Penguin, 1985), 32.

2. Sydney J. Harris, *Strictly Personal* (Washington, DC: Regnery Publishing, 1953), 30.

4. 만날 때마다 아낌없이 격려한다면

1. Leila Zenderland, *Measuring Minds: Henry Herbert Goddard and the Origins of American Intelligence Testing* (Cambridge: Cambridge University Press, 1998).

2. Jerry Kramer, ed., *Lombardi: Winning Is the Only Thing* (New York: World Publishing Company, 1976).

3. Jerry Kramer, ed., *Lombardi: Winning Is the Only Thing* (New York: World Publishing Company, 1976).

4. National Archives, "From Benjamin Franklin to John Paul Jones, 5 July 1780," 2024년 10월 8일 확인, https://founders.archives.gov/documents/Franklin/01-33-02-0018.

5. 이름을 기억하고 불러 준다면

1. Dwight Garner, "Classic Advice: Please, Leave Well Enough Alone," *New York Times*, 2011년 10월 5일, https://www.nytimes.com/2011/10/05/books/books-of-the-times-classic-advice-please-leave-well-enough-alone.html.

2. Dale Carnegie, *How to Win Friends and Influence People: Updated for the Next Generation of Leaders* (New York: Simon and Schuster, 2022), 288 중 84, Kindle. 데일 카네기, 《인간관계론》.

3. William Shakespeare, *Othello* (New York: Washington Square Press, 2004), act 3, sc. 3, 129. 윌리엄 셰익스피어, 《오셀로》.

4. Harry Lorayne, Jerry Lucas, *The Memory Book: The Classic Guide to Improving Your Memory at Work, School, and at Play* (New York: Ballantine Books, 2012).

6. 상대방에게 무엇이 중요한지를 파악한다면

1. Florence Littauer, *Personality Plus* (Grand Rapids, MI: Fleming H. Revell, 1992).

2. J. Fred Bucy, *Dodging Elephants: The Autobiography of J. Fred Bucy*, ed. Kenneth R. Martin (Indianapolis, IN: Dog Ear Publishing, 2014).

7. 마음과 귀를 활짝 열어 둔다면

1. Woodrow Wilson, "Leaders of Men," *Woodrow Wilson: The Essential Political Writings*, ed. Ronald J. Pestritto (Lanham, MD: Lexington Books, 2005), 211-230.

2. Herb Cohen, *You Can Negotiate Anything* (New York: Citadel Press, 1994), 217. 허브 코헨, 《허브 코헨의 협상의 기술 1, 2》(김영사 역간).

3. Michael Abrashoff, *It's Your Ship: Management Techniques from the Best Damn Ship in the Navy* (New York: Grand Central, 2012), 43 of 213, Kindle.

4. David D. Burns. AZQuotes.com, Wind and Fly LTD, 2024년. https://www.azquotes.com/author/38006-David_D_Burns, 2024년 11월 4일 확인.

5. David D. Burns. AZQuotes.com, Wind and Fly LTD, 2024년. https://www.azquotes.com/quote/1403625, 2024년 11월 4일 확인.

9. 상대방을 얼마나 가치 있게 여기는지 '표현'한다면

1. "Mary Kay Global," MaryKay.com, 2024년 11월 4일 확인, https://www.marykay.com/en-us/about-mary-kay/mary-kay-around-the-world.

2. Captain D. Michael Abrashoff, *It's Your Ship* (New York: Warner Books, 2002), 146.

3. Charlie Wetzel, 존 맥스웰과 나눈 대화 중에서.

Part 2.

10. 지체하지 말고 도움의 손길을 내밀라

1. Zig Ziglar, *Zig Ziglar's Secrets of Closing the Sale* (Old Tappan, NJ: Fleming H. Revell, 1984), 22. 지그 지글러, 《세일즈 클로징》(판라이트 역간).

2. Frank Darabont, *Walking the Mile: A Behind-the-Scenes Documentary*, Constantine Nasr 감독 (Burbank, CA: Warner Home Video, 2000).

3. Belden Lane, "Rabbinical Stories," *Christian Century*, 98, no. 41 (1981년 12월 16일).

4. Ken Sutterfield, *The Power of an Encouraging Word* (Green Forest, AR: New Leaf, 1997), 106.

11. 팀으로 초대해 협력하라

1. Woodrow Wilson, "How It Feels to Be President," 워싱턴 내셔널 프레스 클럽 연설, *The Independent 77*, 1914년 3월 20일.

2. Lyndon B. Johnson, "About," LBJ Foundation, 2024년 10월 9일 확인, https://www.lbjaward.org/about.html.

3. Charles Schulz, *Peanuts*, 1987년 2월 1일, https://peanuts.fandom.com/wiki/February_1987_comic_strips.

4. Warren Bennis, *Managing People Is Like Herding Cats* (Provo, UT: Executive Excellence Publishing, 1997), 98.

5. Thomas J. Neff, James A. Citrin, *Lessons from the Top* (New York: Currency/Doubleday, 2001), 273.

12. 사람들의 꿈에 불을 지피라

1. Candice Bergen, *Knock Wood* (New York: Simon and Schuster, 2014), 155.

2. Benjamin Franklin, *Legendary Quotes of Benjamin Franklin*, ed. Screechinth C (Roosevelt, UT: UB Tech, 2016), 158.

3. Scott Adams, "My Greatest Lesson," *Fast Company*, 1998년 6-7월, 83.

13. 사람들의 공을 제대로 인정해 주라

1. R. Edward Turner, ed., *The Quotable Perot* (San Francisco: 24 Hour Books, 1992), 26.

2. Michael Benson, ed., *Winning Words: Classic Quotes from the World of Sports* (Lanham, MD: Taylor Trade Publishing, 2008), 205.

14. 사람들을 위해 특별한 순간을 연출하라

1. Lewis Carroll, *Through the Looking Glass* (Mineola: Dover Publications, 1999), 45. 루이스 캐럴, 《거울 나라의 앨리스》.

2. John McCrone, "Don't Forget Your Memory Aide: Only 30 and Already You Can't Remember What Was Discussed at Last Week's Meeting? By the Time You Get Really Old and Forgetful, a Memory Prosthesis Could Be the Answer," *New Scientist*, 1994년 2월 5일, https://institutions. newscientist.com/article/mg14119114-200/.

15. 지식과 정보를 공유하라. 적재적소에 풍성하게

1. Charlie Wetzel, 존 맥스웰과 나눈 대화 중에서.

16. 사람들의 삶에 긍정적인 말을 불어넣으라

1. J. Sterling Livingston, *Pygmalion in Management* (Boston: Harvard Business School Publishing, 2009).

2. David Jeremiah, *The Power of Encouragement* (Sisters, OR: Multnomah Books, 1997).

3. Helen Mrosla, "All Good Things," *Chicken Soup for the Soul: 101 Stories to Open the Heart and Rekindle the Spirit*, , ed., Jack Canfield and Mark Victor Hansen (Deerfield Beach, FL: Health Communications, 1993), 125-128. 잭 캔필드, 마크 빅터 한센, 《영혼을 위한 닭고기 수프》(푸른숲 역간).

4. James C. Humes, *The Wit and Wisdom of Winston Churchill* (New York: Harper Perennial, 1994), 119-120.

17. 사람들을 위해 다리를 놓아 주라

1. Henry Van Dyke, *The Works of Henry Van Dyke: Counsels by the Way* (New York: Scribner and Sons, 1921), 129.

2. Susan Ratcliffe, ed., *Oxford Essential Quotations* (online: Oxford University Press, 2017), 162.

Part 3.

18. 모든 일에 탁월함을 추구하는 리더

1. Craig Impelman, "John Wooden's 7-Point Creed: 'Be True to Yourself,'" Success, The Wooden Effect, 2016년 12월 3일, https://www.thewoodeneffect.com/john-woodens-7-point-creed-true/?__hstc=71610892.561dc547e81bf74 45a791b80837a5003.1728585327116.1728585327116.1728585327116.1&__hssc=71610892.1.1728585327116&__hsfp=2091169197.

19. 후히 베푸는 리더

1. Will Allen Dromgoole, "The Bridge Builder," *Father: An Anthology of Verse* (New York: E.P. Dutton and Company, 1931), Poetry Foundation website, 2024년 6월 19일 확인, https://www.poetryfoundation.org/poems/52702/the-bridge-builder.

2. Carroll Simcox, ed., *3000 Quotations on Christian Themes* (Grand Rapids, MI: Baker Book House, 1989).

20. 마음을 사로잡는 스토리텔링으로 소통하는 리더

1. Alexander Thorndike Rice, ed., *Reminiscences of Abraham Lincoln by Distinguished Men of His Time* (New York: North American Publishing Company, 1886), 427-428.

2. John Galt, *The Life and Studies of Benjamin West, Esq.* (London: Royal Academy of London, 1817), 10-11; Richard W. Leeman, ed., *African-American Orators: A Bio-Critical Sourcebook* (Westport: Greenwood Publishing Group, 1996), 176.

21. 다른 사람들의 성공을 함께 이루어 가는 리더

1. Zig Ziglar, *The One Year Daily Insights with Zig Ziglar* (Carol Stream, IL: Tyndale Momentum, 2009), May 15.